KB202098

사막을 건너는 여섯 가지 방법

SHIFTING SANDS
by Steve Donahue

SHIFTING SANDS

사막을 건너는
여섯 가지 방법

스티브 도나휴 지음 | 고상숙 옮김

김영사

사막을 건너는 여섯가지 방법

저자_ 스티브 도나휴
역자_ 고상숙

1판 1쇄 발행_ 2005. 1. 15.
1판 47쇄 발행_ 2024. 3. 22.

발행처_ 김영사
발행인_ 박강휘

등록번호_ 제406-2003-036호
등록일자_ 1979. 5. 17.

경기도 파주시 문발로 197(문발동) 우편번호 10881
마케팅부 031)955-3100 편집부 031)955-3200 팩스 031)955-3111

값은 뒤표지에 있습니다.
ISBN 978-89-349-5547-4 03320

홈페이지_ www.gimmyoung.com   블로그_ blog.naver.com/gybook
인스타그램_ instagram.com/gimmyoung   이메일_ bestbook@gimmyoung.com

좋은 독자가 좋은 책을 만듭니다.
김영사는 독자 여러분의 의견에 항상 귀 기울이고 있습니다.

나는 지도를 보면서 하룻밤을 꼬박 새웠다.

하지만 다 소용없는 일이었다.

내가 어디에 있는지 알 수 없었으므로.

생 텍쥐페리, 「사막의 죄수」 중에서

영국　네덜란드
　　　　　독일
　　벨기에　룩셈부르크
파리　　　　　　체코
　　　　　　　　오스트리아
프랑스　스위스
　　　　　　　이탈리아

포르투갈　스페인
　　　　지중해
　　　　　아틀라스 산맥
모로코　　　　　　튀니지
　　　　　가르다이아
　서부 대사막　엘 골레아
　　　　　동부 대사막　리비아
알제리　인 살라
서사하라　　아하가르 산맥
　　　　타만라세트
　　사　　하　　라
모리타니　인궤잠
　말리　　아이르 대산괴
세네갈　통북투　아가데즈
감비아　　　　　니제르
기니비사우　부르키나파소　니아메　차드
기니　　　　　니제르 강
시에라리온　베냉
코트디부아르　토고　나이지리아
라이베리아　가나
　　　세콘디타코라디　카메룬
대서양　　기니 만
　　　　　　적도기니
　　　　　가봉　콩고

사하라 사막에 대한 첫 번째 연설은 나 자신도 놀란 그런 연설이 었다. 그때 나는 아스팔트 도로 시공자 협회의 모임에서 연설을 했 는데, 이들은 여느 청중들과는 아주 다른 까다로운 청중으로 악명이 높았다. 나는 어디서부터 이야기를 풀어나가야 할지 눈앞이 깜깜했 다. 그러다 불현듯 사하라 사막을 가로지르는 포장도로가 떠올랐다. 이 포장도로는 사막 위를 달리다가 갑자기 어느 지점에서 뚝 끊겨 버린다. 그냥 사막 한가운데서 도로가 사라져 버리는 것이다. 인생 도 이와 비슷하다. 때로 어려움 없이 신나게 달려왔던 길이 뚝 끊겨 버리고 사막과 마주하게 된다. 뜻밖에도 시공자들은 내 이야기를 아 주 즐겁게 들어 주고, 슬라이드도 열심히 보아 주었다. 그래서 나는 사하라 사막을 건너는 것에 내 프리젠테이션의 초점을 맞추기로 했 고, 이때부터 내 연사 경력은 날개를 달게 되었다.

사막과 관련된 은유의 힘에 대해서 내가 또 한 번 놀라게 된 것은 전혀 예상하지 못한 곳에서였다. 바로 비행기에서 내 옆 자리에 앉 았던 등반가였다. 이 등반가는 에베레스트 등반으로 유명한 동기 유 발 연사였다. 나를 연사로 초청했을 수도 있었던 고객이 나 대신 이 사람을 선택했던 적이 최소한 한 번 이상 있었다. 그 사람은 나보다 연사료를 두 배는 더 비싸게 받았고 나보다 세 배는 더 바쁘게 뛰고 있었다. 어쩔 수 없이 나는 이 사람에 대해 은근히 질투를 느끼고 있었다. 하지만 내 옆 자리에 앉게 된 그 사람은 아주 호의적으로 보였고, 나는 그와 같이 술을 몇 잔 하고 나니 아주 편안한 마음이 되었다. 그 사람은 아라비아 사막을 횡단하고, 그 경험을 토대로 책을 쓸 것이며, 연설도 할 계획이라고 말했다. 나는 술을 한 잔 더 주문했다.

비행기 안에서 술이 들어가고 산소가 부족하면 난폭한 행동을 하는 승객들이 생긴다. 이런 상황에서 좀더 평범한 부작용을 보이는 승객들도 있다. 바로 말이 많아지는 것이다. 내 입이 마음대로 지껄이기 시작한다. 바로 옆 자리에 앉아 있는 사람이 나를 위한 심리 치료사가 되었다가, 오래전에 헤어졌던 친구가 되었다가, 정신적인 조언자가 되기도 한다. 다행히도 그때 우리는 둘 다 이 수다병에 걸려서 아주 열심히 대화를 나누었다. 그 사람은 나에게 사막을 건너는 방법에 대한 실용적인 질문들을 던졌다. 나는 그 사람이 아마 천 번쯤은 들었을 법한 그런 질문을 했다.

"에베레스트 산 꼭대기는 크기가 얼마나 됩니까?"

"작은 식탁만합니다." 그가 대답했다.

"그거 뜻밖인데요." 나는 말했다. "사하라 사막을 건널 때는 사막이 도대체 어디서 끝나는지 도저히 알 길이 없습니다. 정상도 없고, 국경도 없어요. '자 여기서부터는 사하라 사막과 작별입니다. 안녕히 가세요'라는 표지판 같은 것도 없습니다."

그는 웃으며 머리를 흔들었다. "사막에 가보면 사막이 산과는 많이 다르다는 걸 금방 알게 되겠지요."

비행기가 땅에 착륙했을 때는 이미 밤이 깊었다. 우리는 서로 연락하며 지내기로 하고 작별 인사를 나누었다. 수하물이 나오기를 기다리는 동안 나는 줄곧 산과 사막에 대해 생각했다. 산과 사막은 인류가 가지고 있는 가장 강력한 상징물이라고 할 수 있다. 인류 역사상 수많은 문화권과 대부분의 종교권에서 이 상징물을 이용하여 가치관과 가르침을 전파했다. 내 옆 자리에 앉았던 그 사람의 말이 옳았다. 말 그대로 산과 사막은 서로 같을 수 없다. 그리고 은유적으로 아주 다르다.

인생에서 변화를 겪는 시기에 우리가 허우적거리는 것은, 인생의 양상이 끊임없이 변하기 때문에 산을 탈 때처럼 전략적인 계획을 세우고 목표를 달성해 나가는 것 자체가 불가능해서가 아닐까? 그 당시 내가 고민하고 있던 이혼이라는 문제도 결코 미리 계획했던 일이 아니었다. 합병과 구조 조정을 겪고 있는 대기업 회사원들은 달성할 수 없을 목표를 세우고 계속 변화하는 계획을 세우는 일에 훨씬 더 심하게 시달리는 것처럼 보였다. 나는 우리가 모든 것을 달성해야 할 목표로 생각하는 것을 그만두면 우리네 인생이라고 하는 것이, 그리고 그 피할 수 없는 전환기라고 하는 것이 조금은 덜 힘들고 조금은 더 충만해지지 않을까 하는 생각을 하게 되었다. 사실 목표라고 하는 것은 정상까지 올라가는 길을 보여 주는 정확한 지도만 있으면 달성할 수 있다.

그 후로 몇 년의 세월이 흐르고 은유적인 사막을 몇 번 더 겪은 뒤 내가 경험했던 모든 경이와 방황을 이 책으로 엮었다. 지금 나 자신도 이렇게 책을 완성했다는 사실을 믿기 어렵다. 내 생각과 경험들이 지금 나름대로 변화의 사막을 건너고 있을 여러분에게 도움이 되었으면 좋겠다.

| 감사의 글 |

이 책을 쓰는 데 도움을 주신 분들이 많이 있다. 그분들에게 지면을 빌어서나마 감사의 말을 전한다.

아버지, 조지 도나휴. 출장을 가실 때마다 여러 나라의 티셔츠를 선물로 사주신 점에 감사드린다. 아버지 덕분에 나는 여행을 이국적이고 흥미진진한 일로 생각하게 되었다. 어머니, 줄리 도나휴. 내가 진정 원하는 일을 하도록 격려해 주신 분. 내가 어머니 곁을 떠나 먼 곳에서 지내야 하는데도 불구하고 나를 격려해 주셨다.

내 아이들, 클로에와 스피릿. 내가 필요할 때 언제나 웃음을 선사해 준 아이들에게 감사한다. 내 친구, 파멜라 마운트조이. 나보다 더 이 책의 가치를 믿어 준 친구. 이 책을 쓰기 시작해서 끝낼 때까지 든든한 버팀목이 되어 준 이 친구에게 감사한다.

출판 알선 에이전트, 캐롤 로스. 내 이야기에 힘과 매력이 있다는 굳은 믿음을 가지고 좋은 출판사를 찾도록 도와 준 캐롤 로스에게도 감사한다. 톰 보즈와 인커리지InCourage 사 직원들. 과도기를 겪고 있는 기업들에게 사막이라는 은유를 통해 이야기를 전달할 수 있는 방법을 나에게 보여 주었다. 초고를 편집해 준 오션 럼. 탁월한 안목으로 내가 일관성 있게 하나의 메시지를 전달할 수 있도록 이끌어 주었다. 캔스피크Canspeak 사의 린다 데이비슨과 그 팀원들. 내가 펜을 들고 이 글을 쓸 수 있도록 용기를 주었다.

친구이자 등반 동료인 바비 뉴펠드. 높은 산이 많은 나라로 나를 이끌어 주었으며, 내가 스스로 만든 은유(인생을 사막에 비유한 것 - 편집자 주)에 빠져 있을 때 진정한 등반가 정신을 변호했다. 내 친구, 주디스 모저. 내가 변화의 사막을 건너고 있을 때 나를 도와 주고 통찰할 수 있는 힘을 주었다.

나와 사막을 함께 건넜던 탤리스, 앙리 그리고 앙드레. 내 인생에 지울 수 없는 흔적을 남긴 여행에 동참해 준 데 깊은 감사를 드린다. 앙리에게는 내 마음대로 이름을 장뤽으로 바꿔 부른 데 대해 사과의 말을 전하고 싶다. 영어를 쓰는 청중들은 내가 앙리와 앙드레를 발음할 때 이를 잘 구분하지 못한다. 청중들의 혼란을 막기 위해 앙리의 이름을 바꾸어 불렀는데, 이 때문에 혹시 마음 상하는 일이 없기를 간절히 바란다.

2004년 1월

스티브 도나휴

차례

사막을 건너는 중인가? 아니면 산을 타고 있는가?

사하라는 지구상에서 가장 큰 사막으로 그 면적이 거의 미국과 맞먹는다. 내 친구 탤리스와 나는 사하라 사막을 반쯤 건너고 있었다. 그때 우리는 지중해에서 남쪽으로 수천 킬로미터 떨어진 망망대해와도 같은 사막 한가운데의 언덕에서 야영하고 있었다. 모래 언덕과 모래 폭풍만이 우리를 기다리고 있었다. 우리는 말 그대로 모래 사막에 갇혀 있었던 것이다.

작열하던 사하라 사막의 태양이 방금 서쪽으로 기울고 시원한 기운이 퍼지자 숨통이 트이는 것 같았다. 하지만 우리는 이제 곧 한 시간도 못 되어 기온이 40도나 떨어질 것이고, 자정이 되면 차가운 별들이 반짝이는 천장을 바라보며 침낭에서 오들오들 몸을 떨게 되리라는 것을 잘 알고 있었다. 우리는 알제리의 타만라세트 오아시스에서 남쪽으로 몇 킬로미터 정도 내려와 있었다. 차도 없었다. 우리는 이 끝없이 펼쳐진 사막을 지나 계속 남쪽으로 갈 수 있을지 자신이 없었다. 언제쯤 저 건너편에 도착할지, 아니 도착할 수나 있을지 알 수가 없었다. 사실 건너편이 어딘지조차 감을 잡을 수가 없었다. 분명한 것은 그 곳이 알제리는 아니라는 것이었다. 그 정도는 나도 안다. 그렇다면 니제르인가?

"도대체 사하라 사막은 어디에서 끝나는 거야?" 내가 큰 소리로 외쳤다.

"지금, 나한테 물어보는 거야?" 탤리스가 물었다.

"아냐. 그냥 사막 건너편까지 갈 수 있을지 자신이 없어서. 간다고 해도 얼마나 걸릴지도 모르겠고."

"나도 몰라. 아마 못 갈지도 모르지. 지금 당장 내 관심사는 어떻게 해서든 이 불을 피워서 완전히 깜깜해지기 전에 저녁식사를 하는 거야."

탤리스는 불을 피우느라 분주했다. 여느 때와 다름 없이 구름 한 점 없는 하늘은 푸른빛이 도는 검은색이었고, 이미 별 하나가 반짝이고 있었다. 서쪽 하늘은 아직 불타고 있었는데, 그 모습은 마치 곧 연료 공급이 끊길 용광로와 같았다.

탤리스는 불 지피던 손을 잠시 멈춰 하늘을 올려다보고 지평선을 살폈다.

"제기랄."

"왜 그래?"

내 눈은 그의 손가락이 가리키는 쪽을 따라갔고, 멀리 모래 언덕에 박힌 점을 보았다. 그 점을 보자마자 나는 허둥지둥 일어나 모래를 뿌려 불을 껐다.

인생이란, 특히 변화의 시기에 있어서 인생이란 사하라 사막을 건너는 것과 같다. 끝은 보이질 않고, 길을 잃기도 하며, 오도가도 못하는 신세가 되었다가 신기루를 좇기도 한다. 사하라 사막을 건너는 동안에는 언제 건너편에 다다를지 알 수가 없다. 우리의 인생도 많은 부분이 그 모습과 닮았다. 목표를 볼 수가 없고, 목적지에 다다랐는지 여부도 알 길이 없다. 그리고 도대체 인생의 목적이란 것이 무엇인가?

부모가 된다는 것은 사하라 사막을 건너는 것과 비슷하다. 부모의 역할을 다했다는 걸 무엇으로 알 수 있는가? 아이들이 독립해서 분가하면? 결혼하면? 더 이상 돈 달라고 손을 내밀지 않으면? 내가 완벽하지 못한 부모임을 이해하며 용서해 줄 때? 아이를 먼저 떠나 보낸 부모들조차도 여전히 부모로 남아, 아이를 먼저 보낸 부모들만이 아는 그런 고통을 죽을 때까지 안고 살아간다. 부모가 되는 일은 끝이 없는 길을 가는 것과 같다. 대부분의 사람들에게 아이를 키우는 일이 인생에서 가장 보람 있는 일인 것은 사실이지만, 거기에는 꼭

대기가 따로 없어서, 정상에 올라 아래를 내려다보며 "드디어 해냈다. 이제 부모 역할을 끝냈다"라고 외칠 수가 없다.

도대체 끝이 보이지 않아서, 건너편 저쪽에 닿을 수 있을 것 같지가 않아서 우리는 인생을 살면서 좌절감을 맛본다. 이런 식으로 생각하는 이유는 우리 문화권에서는 항상 인생을 산에 오르는 것에 비유하기 때문이다. 우리는 목표를 추구하고 성취하는 데 중점을 두고, 결과를 중시하는 사회 속에서 살고 있다. 문제점을 정의하고, 목표를 설정하고, 계획을 실행하는 것을 모든 문제의 해결책으로 여긴다. 이것이 바로 정상을 향해 올라가는 산악인의 정신이다.

산악인들에게는 목표가 눈에 보인다. 산꼭대기가 바로 저 위에 보이는 것이다. 그래서 힘을 얻고 그곳을 향해 나아간다. 정상에 다다르면 목표를 달성했음이 너무나 분명해진다. 은퇴를 준비하면서 저축을 하는 것이 바로 이러한 등반의 좋은 사례라고 할 수 있다. 목표가 분명한 것이다. 얼마만큼을 저축해야 은퇴 후에 안락한 생활을 할 수 있는지 분명히 알 수 있다.

하지만 목표가 애매모호하거나 또는 최종적인 결과라기보다는 일종의 과정처럼 느껴진다면, 그것은 바로 사막을 건너고 있는 것이다. 결혼을 한번 생각해 보자. 결혼하면서 배우자의 손을 잡고 "자, 우리 결혼해서 50년을 함께 잘 살 수 있을지 한번 봅시다"라고 말하는 사람은 아무도 없을 것이다. 사람들은 행복하기 위해, 서로 의지하며 살아가기 위해, 가정을 꾸리기 위해, 인생을 함께 하기 위해 결혼을 한다. 이러한 이유는 존재의 방법을 설명하는 것이지 결코 구체적인 최종 결과가 아니다. 사막은 긴 여정길이고, 결혼은 사막이다.

산악인들에게는 목표가 있으며 정상에 오를 때까지 얼마만큼의 시간이 걸릴지도 알 수 있다. 그들은 목적지에 도달하는 데 걸리는 구체적인 시간까지도 계획을 세운다. 재무 설계사는 현재의 경제 형편과 생활 수준을 토대로 은퇴 후의 안락한 생활을 확보할 수 있을 때까지 얼마만큼의 시간이 걸릴지를 우리에게 알려 줄 수 있다.

하지만 이혼이라는 사막의 고통에서 치유될 때까지 얼마나 오랜 시간이 걸릴지 말해 줄 수 있는 이혼 설계사는 없다. 중년에 찾아오는 위기가 얼마나 오래갈지 아무도 알 수 없다. 알코올 중독자 모임의 회원들은 30년 동안 술 한 방울 입에 대어 본 적이 없어도 여전히 스스로를 알코올 중독자라고 부른다. 사막은 끝이 없어 보이고 끝이 있다 할지라도 이 사막을 건너는 데 얼마만큼의 시간이 걸릴지 예측하기는 무척 어렵다.

산을 타는 기술은 사막에서는 써먹을 데가 없다. 사하라 사막을, 또는 인생이라고 하는 사막을 무사히 건너려면 사막 여행자의 규칙을 따라야 한다. 그러나 우선 산과 사막의 차이점부터 알아야 한다.

땅거미가 질 무렵 아직도 작열하고 있는 서쪽 하늘을 배경으로, 멀리 모래 언덕 가장자리를 타고 우리를 향해 걸어오고 있는 사람의 모습이 보였다. 똑바른 자세, 기품 있는 걸음걸이, 긴 파란색 옷을 보아 하니 그는 중남부 사하라 사막에 사는 유명한 유목민, 투아레그족이 틀림없었다. 그들은 얼굴과 머리를 덮는 세슈 Cheche라고 하는 터번의 파란 염색약에 물들어 푸른빛이 감도는 까무잡잡한 피부 색깔 때문에 '사막의 푸른 인간'이라 불리기도 한다.

"불 끄지 말고, 그냥 놔둬." 탤리스가 경고했다. "그러면 우리가 겁에 질렸다고 생각할 거 아냐."

"난 진짜 무서워." 나는 소리쳤다.

"저 사람은 이미 다 봐버렸어. 긴장하지 마. 혼자인 거 같은데."

투아레그족이 처음 사막에 나타난 것은 1,000년 전이었다. 투아레그족이 어디서 왔는지는 아무도 모른다. 이렇게 근원을 모른다는 사실은 당당한 그 사막 유목민에게 낭만적인 이미지를 더해 준다. 전사 종족인 이들은 1,000년 이상 이 척박한 땅을 지배해 왔고 1860년대에 프랑스인들이 처음 이곳에 들어오기 전까지는 자기들끼리 충돌하는 경우가 많았다. 투아레그족은 프랑스인들이 총을 사용하는 것을 보고 겁쟁이라고 생각했다. 그들은 낙타떼를 타고 칼로 프랑스인들을 공격했다. 결국 1900년대 초에 정복당하고 말았지만, 투아레그족은 식민지 시대 이후 사하라 사막의 경계를 정하는 국경을 무시하고 아직도 많은 수가 유목생활을 하고 있다.

몇 분 후 이 유목민이 우리 캠프가 있는 곳에 도착했다. 마른 체격에 코는 매부리코였고 제왕과 같은 위엄이 있었다. 그는 현지어의 억양이 강한 프랑스어로 이렇게 말했다.

"Un peu de sel, s'il vous plaît. 소금 좀 주십시오."

나는 식료품을 열심히 뒤져서 남은 소금을 모두 그에게 주었다. 이런 사막에서는 소금이 귀하다는 것을 나는 알고 있었다. 대상 무역을 하는 일정 기간 동안에는 소금 가격이 금값만큼 나간다. 그는 한 마디 말도 없이 사라졌고 우리는 그가 사막의 저녁 속으로 사라지는 모습을 지켜보고 있었다.

"정말 혼자일까?" 나는 걱정이 되어 탤리스에게 물었다.

"내가 어떻게 알아. 난 투아레그족에 대한 전문가가 아니라고."

"저 파란 옷 아래 끔찍한 단검을 숨겨 가지고 다닌다던데." 내가 말했다.

"저런. 그 단검이라도 휘둘러대면 큰일인데. 우리한테는 무기로 쓸 만한 게 이 프라이팬밖에 없잖아." 탤리스가 말했다.

"또 오면 어떻게 하지? 혼자가 아니면 어떡해? 소금을 얻으러 온 게 아니라 우리를 떠보려고 왔던 거면 어떡하지?"

"제발 질문 좀 그만해." 탤리스가 딱딱거렸다. "나도 몰라. 아무도 모른다고. 우리는 사하라 사막 한가운데 있고, 주변에 유목민이 최소한 한 명은 있고 더 있을지도 모른다. 그게 우리가 아는 전부야."

"그래. 맞아. 하지만 그 유목민이 뭘 원하는지, 다시 우리한테 돌아올지 아닐지 전혀 모르는 이 상황을 참을 수가 없어. 여기에서 어떻게 벗어날 수 있을지도 모르잖아. 차도 없고, 계획도 없고. 내일

투아레그 유목민. 성인 남자는 푸른 터번을 두르고 단검을 차고 다닌다. 투아레그족은 1,000년 이상 사하라 사막에서 살아온 용맹한 전사 부족으로 프랑스에 정복당한 후에도 많은 수가 유목생활을 계속했다.

그리고 모레 우리가 어떻게 될지도 모르고. 그냥 손 놓고 앉아서 기다리는 것밖에 할 수 있는 게 아무것도 없잖아."

"맞아. 우리는 지금 사하라 사막 한가운데 있다구." 탤리스가 쏘아붙였다.

"쉬이. 저게 뭐야."

"누군가 오고 있어."

산을 탈 때나 프로젝트를 수행할 때는 얼마나 준비가 잘 되어 있는지, 계획은 잘 세웠는지, 그리고 경험이 있는지 여부에 따라 결과가 크게 달라질 수 있다. 사람들은 보통 새 집을 지을 때 경력이 확실한 건축업자에게 일을 맡기려고 한다. 일을 수주한 건축업자는 실력 있고 인정받는 설계사나 건축가에게 도면을 의뢰하고 그 도면을 토대로 집을 짓는다. 때로 일이 지연되거나 돌발 상황이 발생하기도 하지만 목표를 향하여 나아갈 때는 이 세 가지, 즉 준비, 계획, 경험의 여부에 따라 성공 확률이 달라진다.

사막은 다르다. GPS 안내 시스템을 장착하고, 차량 한 대를 새로 만들 만큼의 여유 부품을 가득 싣고, 독일 엔지니어들로 가득 찬 차도 사하라 사막에서는 맥을 못 출 수 있다. 오히려 반들반들 다 닳아버린 타이어에, 준비가 안 된 학생 대여섯 명을 태운 다 낡아빠진 폭스바겐 캠프용 차가 지도에도 나와 있지 않은 모래 언덕을 헤치고 나가 강도들까지 무사히 따돌리고 태양이 이글거리는 서부 아프리카의 해변까지 무사히 갈 수도 있다.

경험이나 준비의 여부는 인생이라고 하는 사막을 건너는 데 있어서 성공이나 신속성을 보장해 주지 못한다. 숙련된 치료사라도 중년의 위기를 극복하지 못하고 헤매기도 한다. 그럴 때는 지식도, 학위도, 경험도 도움이 안 된다. 그 자신이 사막에 떨어졌기 때문에 다른 사람으로부터 상담 치료를 받아야 하는 것이다.

사막에서 자기가 무능력하게 느껴지는 것은 지극히 정상적인 일이다. 계획을 충분히 세우지 못한 것이 문제가 아니다. 계획을 세우는 것이 그토록 도움이 된다면, 훈련을 받는 것이 정말 그토록 중요하다면, 우리는 이혼뿐 아니라 결혼에 대해서도 수업을 받아야 하지 않을까? 또 아이를 가지려면 사전에 면허를 따야 할 것이다. 아이를 낳기 위한 시험을 보고 자녀 양육과 교육에 대한 계획서를 제출하고 나서야 아이를 낳을 수 있는 자격을 허가받을 수 있을 것이다.

사막 여행은 예측 불능하고 불확실하다. 자녀를 키울 때 부모로서 가야 할 길이 훤히 보이는가? 안 그래도 힘겨운 사업에 경제 상황이 어떤 영향을 미칠지 예상할 수 있는가? 몸을 아무리 가리고 있어도 사정없이 우리 몸을 파고들어 괴롭히는 모래 폭풍처럼 인생의 사막에서 불확실성은 피할 수 없다.

인생이 불확실해 보이고 앞을 내다볼 수 없을 때, 계획과 경험이 그다지 도움이 되지 않을 때, 우리는 바로 사막에 있는 것이다. 이것이 바로 사막의 가장 힘든 점이고 그래서 사람들이 산을 더 선호하는 것인지도 모른다. 산은 사막보다 덜 애매하니까. 마라톤을 처음 뛰는 것은 산세가 험한 산을 오르는 것과 같다. 완주를 할 수 있으리라는 보장은 없지만, 어떻게 훈련을 해야 하는지 그리고 어떻게 달려야 하는지를 알려 주는 상세한 책자가 있다. 마라톤에서 문제가 되는 것은 불확실성이라고 하는 희미한 적이 아니라 체력과 의지이다. 나도 모르게 살금살금 다가오는 적보다는 눈에 보이는 적이 낫다.

흔들거리는 바위를 기어 우리 캠프 쪽으로 오는 발자국 소리가 점점 더 가깝게 들려왔다.

"작전을 짜야지. 잘하면 두세 명까지는 해치울 수 있을 거야"라고 나는 탤리스에게 속삭였다.

"말도 안 되는 소리 하지 마." 탤리스는 이렇게 야단을 쳤다. "작전 같은 거 소용없어."

나는 못 들은 척 계속했다. "곧 여기까지 들이닥칠 거야. 그러면 나는 불 위에 모래를 뿌릴 테니까 너는 프라이팬을 들고 휘둘러."

"그러다 네가 맞으면 어떻게 하려고. 침착해. 저쪽에서 원하는 게 뭔지나 들어 보자고."

뒤를 돌아보았더니 아까 왔던 그 투아레그인이 우리 앞에 서 있었다. 그는 혼자였고 손을 내밀었다.

"Un peu de poivre, s'il vous plaît. 후추 좀 주세요.

이미 날이 어두웠기 때문에 나는 회중전등을 켜 들고 후추를 찾았다. 후추병을 건네 주면서 나는 그가 내 손이 떨리는 것을 눈치채지 못하기만을 바랐다. 그는 재빨리 우리 물건들을 슬쩍 훑어보더니 한 마디 말도 없이 돌아서서 모닥불을 뒤로 하고 사라져갔다. 깜깜한 밤은 순식간에 그를 삼켜 버렸다.

우리는 둘 다 어안이 벙벙해졌다. 그 유목민은 나쁜 뜻은 없는 것처럼 보였다. 이웃집 사람이 설탕 한 컵 빌려 가는 것과 크게 다를 바가 없었다. 하지만 나는 투아레그족이 친절한 안내자인 것처럼 가장해서 대상들에게 접근하는 방법에 대해 책에서 읽은 터였다. 대상 행렬은 수천 마리의 낙타를 이끌고 수킬로미터씩 줄을 지어 사막을 횡단한다. 투아레그족은 일단 친절하게 길 안내를 해주며 대상 행렬에게 접근해 가장 취약한 부분을 파악한 뒤 자리를 뜨고 나서 공격을 하는데, 한번 공격하면 돈이 될 만한 것은 모두 강탈해 간다.

"프라이팬 작전 한번 잘 써먹었네." 탤리스가 구시렁거렸다.

"그 사람 봤어? 우리를 정탐했어. 투아레그족은 저런 식으로 사전 답사를 한다. 이대로 그냥 있으면 안 돼. 지금이라도 여기를 뜨거나 아니면 놈들이 들이닥칠 때를 대비해야 해. 몰래 가서 그놈들이 뭘 하고 있나 좀 볼까?"

"제발 좀 진정해. 패거리가 있는지 없는지도 아직 모르잖아. 그냥 좀 앉아. 먼저 저녁이라도 먹고 교대로 눈 좀 붙이자."

나는 그때 사하라 사막을 증오했다. 〈아라비아의 로렌스〉에서 사막과 유목민을 그토록 낭만적으로 묘사한 피터 오툴이 미웠다. 사막은 결코 낭만적인 곳이 아니다. 나는 그토록 외롭고 나약하며, 앞으로 닥쳐올 일에 대비도 되어 있지 않은 불확실한 상황이 싫었다. 발자국 소리가 나지 않는지 귀를 쫑긋 세운 채 나는 콩 통조림 뚜껑을 따기 시작했다. 탤리스는 남은 나뭇가지를 불 속에 집어넣었다.

대부분의 사람들은 막연한 것, 모호한 것, 혹은 역설을 싫어한다. 길을 잃거나 방향을 물어보는 것도 좋아하지 않는다. 우리 사회는 불확실한 것을 잘 참아 주지 않는다. 서구 문화권, 특히 북미 문화권에서는 자신의 현재 위치를 알고 일을 제대로 해내는 것을 중요하게 생각한다.

그것이 꼭 나쁘다는 것은 아니다. 문제를 해결하고, 목표를 설정하고, 끈기 있게 노력하는 태도 덕분에 우리는 위대한 일을 많이 성취해 냈다. 서구 사회의 '할 수 있다'는 신념 덕분에 끔찍한 질병의 치료법도 개발되었고, 인간이 달까지 다녀왔으며, 파나마 운하도 건설되었고, 앉으면 따뜻해지는 좌변기도 발명되었다. 우리의 문화는 성취라고 하는 예술을 완성시켰다. 우리는 '하면 된다'의 방법을 잘 알고 있다.

하지만 우리 인생에서 이러한 성취나 성공, 또는 목표가 전부는 아니다. 인생이란 종종 길을 잃고, 스스로를 발견해 나가며, 때로는 사면초가에 처하기도 하고, 거기에서 빠져 나오고, 신기루를 좇기도 하는 것이다. 한동안 길을 잘 가는 듯하다 다시 길을 잃는 과정의 연속이다. 인생의 대부분은 산이 아니라 사막을 닮았다.

두 가지 은유적인 사막이 있다. 우선 가장 악명 높은 사막은 변화의 사막이다. 이는 아주 중요하고, 근본적이며, 때로는 급속한 변화의 기간이다. 이혼, 실업, 사랑하는 사람과의 사별, 이직移職, 새로운 사업의 시작, 집에 들어 앉아서 아이를 돌보는 부모가 되는 것, 그러다가 또 일을 시작하는 것, 회사의 합병이나 구조 조정, 병든 부모의 수발, 중년의 위기 등이 변화의 사막에 속한다. 이 변화의 사막 한가운데에 있을 때는 그 끝이 보이지 않지만, 지나고 나서 보면 거기에도 끝이 있으며 또 다른 사막인 인생의 사막보다 더욱 격렬하다는 것을 깨닫게 된다.

인생의 사막 역시 과도기의 시간이지만 그 변화는 완만하게 진행되고 오랜 시간에 걸쳐 이루어지기 때문에 그다지 눈에 두드러지지 않는다. 가족을 이루고, 결혼을 하고, 직장을 잡고, 퇴직을 하는 것 등이 그 예다. 변화의 사막은 인생에 있어서 장애물이나 우회로처럼 보일 수 있고, 인생의 사막은 인생 자체로 보인다.

이 두 종류의 사막 중에서 어떤 사막을 건너건 사람은 변한다. 아이가 막 태어나 병원의 분만실에 있을 때와 다 자라 집을 떠날 때 우리는 같은 사람이 아니다. 파산을 한 후에 훌훌 털고 다시 일어난 사람은 빚더미에 앉아 있던 그 사람과 동일한 사람이 아니다. 하지만 알코올 중독자 모임이나 12주간의 금주 프로그램에 참가를 했는데도 변화가 없다면 여행을 제대로 하지 않았기 때문이다. 사막이 무

사하라 사막에 있는 산. 인생의 사막에는 항상 넘어야 할 산들이 있다.

서운 것은 이 때문이다. 마음속 깊은 곳 어딘가에서 무엇인가 변할 것임을 알고 있지만 그 변화가 어떤 것인지는 미리 알 수 없다. 그래서 우리는 사막을 건너기보다는 산을 탄다.

사하라 사막에는 알제리의 아하가르 산맥, 리비아와 차드의 티베스티 산맥, 니제르의 아이르 산맥 등 멋진 산맥들이 있다. 인생과 변화의 사막에는 항상 넘어야 할 산이 있다. 이 산들은 그때 그때 우리가 해내야 하는 과제나 프로젝트, 그리고 구체적인 목표가 있는 꿈, 우리가 열망하고 달성하기 위해 노력하는 최종 결과물들이다.

직장을 옮기는 것은 산이지만 직업을 완전히 바꾸는 것은 사막이다. 아이를 낳는 것은 산이다. 특히 여성의 입장에서는. 하지만 아이를 키우는 것은 사막이다. 꿈에 그리던 집을 짓는 것은 산이다. 이혼으로 그 꿈 같은 집을 잃게 되는 것은 사막이다. 암을 이겨내는 것은 에베레스트 산의 정상을 오르는 것과 같다. 하지만 만성 질환이나 불치병을 안고 살아가는 것은 사하라 사막을 건너는 것과 같다.

나는 지금 산을 오르고 있는가? 아니면 사막을 건너고 있는가? 동시에 이 두 가지를 다 하고 있는 중일 수도 있다. 사막을 건널 때와 산을 탈 때는 걷는 방법이 달라야 한다. 딱딱한 등산화를 신고 끝없이 모래가 쌓이는 뜨거운 사막을 건너면 발에 물집만 생길 뿐이다.

깜깜한 밤이 되었다. 벌겋게 달아오른 잿불이 주위를 비출 뿐, 불빛 너머로는 아무것도 보이지 않았다. 투아레그인이 다

녀간 지 한 시간이 다 되어 가고 있었고 조금 안심이 되기 시작했다. 세들어 살던 파리의 아파트는 이제 아주 멀게 느껴졌다. 오하이오 주의 톨레도에 있는 내 집은 전생에나 존재하는 것처럼, 또는 다른 혹성에나 있는 것처럼 느껴졌다. 그때 나는 스무 살, 막 어른이 되어 가고 있었으며 어떻게 해야 할지 앞이 막막했다. 도대체 어떻게 하다가 사막의 유목민이 제멋대로 법을 만들어 휘젓고 살아가는 이런 곳에까지 오게 되었을까? 어떻게 하면 이곳을 벗어날 수 있을까?

"어이, 도나휴." 탤리스가 불렀다.

탤리스를 쳐다본 나는 우리 말고 또 누가 있음을 알게 되었다. 그 투아레그인이 돌아온 것이다. 그는 말없이 가만히 서 있었다. 그 침묵 때문에 불안해진 나는 이번에는 무엇을 원하느냐고 물었다.

"Qu'est-ce que vous voulez? 원하는 게 뭡니까?"

"Venez avec moi. 날 따라오시오." 라고 투아레그인이 말했다.

그가 명령을 하는 것인지 아니면 정중히 초대를 하는 것인지는 알 수가 없었다. 어쨌든 우리더러 따라오란다. 나는 입이 바싹 마르고 심장이 쿵쿵 뛰어 한 마디도 할 수가 없었다. 머릿속에는 투아레그 족 패거리들이 모래 언덕 저쪽에 칼을 들고 서서 우리를 기다리고 있는 모습이 떠올랐다. 함정일까? 아무것도 없는 무법천지 사막을 여행하고 있는 이 불쌍한 여행자들을 덮치려는 복병들이 기다리고 있는 것은 아닐까? 우리가 대답할 틈도 주지 않고, 투아레그인은 뒤돌아섰다. 그를 따라서 저 어둠 속으로 가야 하나?

살다 보면 캠프파이어를 버려 두고 변화의 사막을 건너라는 초대나 명령을 받게 되는 경우가 있다. 그러면 우리는 친숙하고 안전한 캠프파이어 곁으로 더 가까이 가고 싶어한다.

최소한 목표가 있거나 여행에 안내 역할을 해줄 지도라도 있었으면 하고 바라게 된다. 그러나 여행하는 방법만 알고 나면, 나의 사하라 사막 여행처럼 변화의 사막은 활기 차고 흥분되는 모험이 될 수 있다. 사막이 우리를 변화시키고, 우리를 열고, 우리가 누구인지, 현재를 어떻게 살아야 하는지 가르치게 허락한다면, 그 기쁨과 성취감, 의미에 있어서 인생과 그 사막을 따라올 것은 아무것도 없다.

이제 우리가 알아야 할 것은 사막을 여행하는 데 필요한 여섯 가지 필수적인 규칙들이다. 곧 알게 되겠지만 이 규칙은 산을 타는 것과 같은 목표 지향적인 삶의 접근 방식과는 아주 다르다. 예를 들어 사막의 규칙에는 특별한 순서가 없으니 찾으려고 노력해 봐야 허사다. 사막을 건너다 보면 어느 날 또는 어떤 단계에서 어떤 특정한 규칙이 다른 규칙들보다 더 중요해진다. 내가 말하고 싶은 첫 번째 규칙은 '지도를 따라가지 말고 나침반을 따라가라' 이다. 이것은 많은 여행자들에게 있어 퍼즐의 마지막 조각이 되기도 한다. 이 책의 가장 마지막에 나오는 규칙인 '허상의 국경에서 멈추지 말라' 는 사막을 여행할 때 그 끝에서만큼이나 출발 시점에서도 쉽게 절감하게 된다. 이제 이 책의 이야기를 연대순으로 즐기기 바란다. 그리고 그때 그때마다 가장 필요한 사막의 규칙을 순서에 상관없이 적용하기 바란다.

방향을 통해 진정한 방향 감각을 얻을 수 있다.
내면의 나침반이 가리키는 방향을 알 수 있다면
길을 잃었을 때에도, 지도가 없는 곳에서도
계속 앞으로 나아갈 수 있다.

1

지도를 따라가지 말고
나침반을 따라가라

⚜

　내가 탤리스를 만난 것은 1976년 10월이었다. 시즌
의 마지막 대서양 횡단 항해를 하는 알렉산드르 푸시킨 호라는 소련
여객선을 타기 위해 톨레도에서 몬트리올까지 공짜로 차를 얻어 탔
을 때였다. 나는 스무 살, 탤리스는 스물여섯 살이었다. 우리의 우정
은 세 번째 날 밤 배 안의 카바레에서 싹텄다. 우리 둘은 마이크를
들고 비틀즈의 노래 〈그녀가 거기 서 있는 것을 보았네〉를 우리 식
으로 열창하고 있었다. 그 배의 러시아 밴드가 연주할 수 있는 유일
한 로큰롤이 바로 그 노래였다. 하지만 그 밴드의 가수들은 이 노래
의 가사를 몰랐다. 우리는 야밤의 존 레논과 폴 매카트니가 되어 그
노래를 부르며, 밴드의 레퍼토리에서 주종을 이루는 슬픈 슬라브 민
요에서 벗어나 기분 전환을 할 수 있었다. 승객들은 처음 잠깐 동안

에는 우리의 노래에 귀를 기울였으나 곧 흥미를 잃었다.

유럽에 도착한 후 우리는 파리의 바스티유에서 몇 블록 떨어진 곳에 아파트를 얻었다. 우리는 그 난방도 되지 않는 초라한 방을 또 다른 캐나다인과 같이 썼다. 곧 날씨는 추워졌고, 도시는 습기에 찬 잿빛이 되었다. 겨울, 더 정확하게 말하면 2월을 싫어한 탤리스는 당황해했다. 그는 정말 2월에 속해 있는 28일 하루 하루를 모두 싫어했다. 그는 맹세코 자기 최대의 적은 바로 달력에 들어 있는 그 한 장이라고 말했다. 이런 사람은 생전 처음이었다. 탤리스의 목표는 2월 한 달을 열대 해변에서 보내면서, 그가 온타리오 호수 연안에 살면서 혹독하게 겪었던 캐나다 겨울의 매서운 추위로부터 탈출하는 것이었다.

파리의 11월은 토론토의 2월보다 별반 나을 게 없었다. 적어도 탤리스는 그렇게 생각했다. 우리는 온기를 유지하기 위해 대부분의 시간과 돈을 카페에 쏟아 부었다.

"칸이나 생트로페가 낫지 않을까? 아니면 니스나 몬테카를로가 더 나을지도 몰라." 내가 에스프레소 커피를 홀짝거리고 있을 때 탤리스가 이렇게 말했다. 프랑스령 리비에라에서 같이 겨울을 보내자는 제의에 내가 동의해 주자 탤리스가 기운을 되찾은 것이다. 그는 카페의 작은 탁자 위에 프랑스 지도를 펼쳐 놓았다.

"토플리스 해변(여자들이 가슴을 드러내고 다니는 해변)이 어디지?" 그의 반응에 신경쓰지 않는 척하며 내가 물었다.

그때 나는 옆 테이블에 앉아 있던 남자가 우리에게 미소 짓는 것을 보았다. 육십 대 정도 되어 보이는 그 노신사는 멋진 옷차림에 모자를 쓰고 지팡이를 들고 있었다. 그는 약간 생각에 잠긴 표정으로 몸을 앞으로 구부렸다.

"실례가 되지 않는다면 좀 끼어도 되겠습니까? 어쩌다 보니 댁들의 얘기가 들렸네요." 그는 부드러운 파리 억양을 실어 이렇게 말했는데, 그 목소리가 마치 모리스 슈발리에(프랑스의 뮤지컬 코미디 스타) 같았다.

"프랑스 남부에 가면 해변도 아름답고, 아가씨들도 아름답습니다. 하지만 겨울에 가면 아무것도 없어요."

탤리스는 지도에서 눈을 떼고 얼굴을 들었다. 하지만 손가락은 여전히 지중해의 해변에 둔 채 이렇게 물었다. "어째서죠?"

"리비에라는 겨울에는 정말 끔찍한 곳이라오. 겨울이면 알프스에서 바람이 불어온답니다. 미스트랄이라고 하는데, 이 바람 때문에 프랑스 남쪽은 정말 끔찍하게 추워요. 파리보다 한술 더 뜨지요."

"겨울 내내 따뜻한 해변은 어디 가야 찾을 수 있습니까?" 하고 탤리스가 물었다.

"안됐지만 젊은이들이 찾고 있는 곳은 그 지도에는 없을 것 같습니다." 노신사가 단호한 어조로 말했다.

탤리스는 할 말을 잊은 듯 보였다. 나는 어찌할 바를 몰랐다. 우리는 넋이 나간 듯 멍하니 앉아 있었다. 좁고 더러운 아파트 구석과 연기 자욱한 카페에서 이 겨울을 날 생각을 하니 두려움이 엄습했다. 추위를 극도로 싫어하는 병은 전염이 되는 것 같았다. 나도 언제부터인가 탤리스만큼이나 파리에 있는 것이 싫어졌다.

"그러면 우리 어떻게 하지?" 내가 탤리스에게 물었다.

"그야 간단하지." 그 프랑스인 노신사가 끼어들었다. "남쪽으로 가야 해요. 계속 남쪽으로."

"북아프리카로 가라는 말씀인가요?" 내가 물었다.

"열대 기후를 좋아하면, 열대 지방으로 가야 하는 것 아니오?"

"하지만 그러려면 사하라 사막을 건너야 하는데." 내가 무심코 내뱉었다.

"에어프랑스를 타면 몇 시간 만에 상아 해안(코트디부아르를 가리킴)까지 갈 수 있다오." 노신사의 답변이었다.

"그럴 돈이 어디 있어요." 탤리스가 말했다. "기차표도 비싸서 못 사는 마당에."

"그러면 다른 방법을 써서 남쪽으로 가야지." 노신사의 조언이었다.

지도를 펴보자. 산봉우리에는 이름이 있지만, 모래 언덕에는 이름이 없다. 모래 언덕에 이름을 지어 붙인다 해도, 그 이름을 인쇄한 잉크가 채 마르기도 전에 그 지도는 이미 구식이 되어 못 쓰게 될 것이다. 그런데도 우리는 종종 지도와 여행 안내서를 들고 우리 인생의 사막을 건너기 시작한다. 결혼을 할 때나 직장을 구했을 때도 지도를 가지고 시작했을 것이다. 그러나 모래땅의 모양이 바뀌면 지도는 아무 소용 없어지고, 우리는 길을 잃는다. 우리가 가고 있는 길이 지도에 없다는 사실을 깨닫는 것 자체가 이미 우리에게는 여행의 출발이 된다.

중년의 사막을 건널 때 분명한 이정표가 보일까? 십 대 아이들을 기르면서 어떤 일을 겪게 될지, 폐경기가 닥치면 어떤 일이 기다리고 있을지 미리 알 수가 있을까? 건강 검진 결과가 좋지 않다는 의사의 통보를 받는다면, 또는 결혼 생활이 산산조각 나버린다면, 인터넷에서 안내서를 다운로드 받아서 변화무쌍한 모래 위를 한 걸음 한 걸음 착실히 헤쳐 나갈 수 있을까? 하지만 지도가 없다고 해서 우리는 여행을 포기하지 않는다. 지도가 없으면 마음속의 나침반을 따라가면 되니까.

우리가 인생이라는 사막을 건널 때 혹은 변화의 사막을 건널 때, 나침반은 다음과 같은 세 가지 역할을 한다.

첫째, 길을 잃었을 때 방향을 찾아 준다.

둘째, 우리를 더 깊은 사막으로 이끌어 준다.

셋째, 우리가 목적지보다 여정 자체에 중점을 둘 수 있게 해준다.

내 결혼 생활이 종지부를 찍었을 때 나는 아무런 계획이 없었다. 그저 "이제 어떻게 해야 하지?"라는 혼잣말만 되풀이했다. 그때 나에게 가장 중요했던 것은 바로 열 살과 열세 살 난 아이들이었다. 나는 한 집에 같이 살 때보다 아이들과 더 사이좋게 지내면서 좋은 아빠가 되어 주기로 결심했다. 그것이 내 나침반 바늘이 되었다.

아이들은 엄마를 따라 브리티시 컬럼비아의 셀커크 산을 떠나 밴쿠버 섬으로 이사를 갔고, 그곳은 브리티시 컬럼비아에서 9시간 동안 차를 몰고 간 다음 배를 타고 2시간은 더 들어가야 하는 곳이었다. 나도 그곳으로 이사를 갈까 생각해 보았지만, 일자리를 찾고 있던 애들 엄마가 그곳에서 얼마나 살지 알 수 없는 노릇이었다. 나는 어찌할 바를 몰랐고, 또 길을 잃었다.

그래서 나는 내 안의 나침반에게 길을 물었다. 아이들에게 좋은 아빠가 되라는 나침반의 방향 덕분에 나는 결정을 내릴 수 있었다. 그 후 18개월 동안 나는 한 달에 열흘은 아이들이 사는 곳으로 달려가 함께 지냈다. 아이들과 같이 지낼 수 있는 장기 투숙객용 호텔방을 임대하고, 열흘 동안은 내가 요리를 하고 아이들이 집안일을 하였다. 나는 아이들을 학교에 데려다 주고 아이들이 축구 시합하는 모습을 지켜보았다.

호텔에 투숙할 때 우리는 침대 사이의 거리가 얼마나 되는지 묻곤 했다. 안내 데스크의 직원은 우리가 왜 그런 질문을 하는지 의아했을 것이다. 우리는 다양한 올림픽 경기 종목 자세로 이 침대에서 저 침대로 뛰어다니는 놀이를 했다. 우리 옆방의 여행객이나 출장 온 사람들이 시끄럽다고 불평을 하면 그제서야 안내 데스크 직원은 우리가 왜 그런 질문을 했는지 깨달았다. 너무 심하게 뛰어 놀다가 호텔에서 쫓겨난 적도 있었다. 이런 놀이를 하면서 부모 자식 간의 끈

끈한 정을 다질 수가 있었다. 매달 열흘씩 아이들과 호텔에서 보내면서 나는 아이들과 더욱 가까워졌고, 부모 노릇이라고 하는 사막에 더 깊숙이 빠져 들어갔다.

나침반의 세 번째 기능은 우리가 좀더 여행에 집중할 수 있도록 도와 주는 것이다. 우리는 종종 현실을 회피한다. 현실이 괴롭거나 지겨워서, 또는 목적지만을 생각해서이다. 그런데 방향을 잘 정하면 현재가 의미 있는 것이 된다. 나침반 바늘만 제대로 되어 있으면 우리 발밑의 모래 언덕이 수평선보다 훨씬 더 재미있고, 산꼭대기보다 훨씬 더 현실적으로 다가온다. 아이들과 해변의 호텔에서 한 달에 열흘을 함께 보내면서 나는 부모가 되는 것이 무엇인지를 마음껏 느끼고 거기에 흠뻑 취할 수 있었다. 중요한 것은 우리가 매일 함께 있었고, 나는 아버지이며 우리는 가족이라는 것이었다.

지도보다는 나침반을 따라가는 것이 훨씬 의미 있는 일이다. 하지만 올바른 방향을 찾는 것은 쉬운 일이 아니다. 나침반 방향 측정이란 나에게 진정으로 중요한 문제에 대한 개인적인 사명 선언문과 같다. 그것은 단순히 목표나 목적지가 아니라, 살아가는 방법 또는 존재하는 방법을 담고 있어야 한다. 우리가 인생의 사막을 건너서 따라가는 방향은 깊은 의미가 있고 명료해야 한다.

산을 타는 자세로 살아가는 사람에게 가장 중요한 것은 정상에 다다르기 직전 마지막 날 또는 그 마지막 시간이다. 목표 달성에만 매달려 인생을 살아간다면 도착하는 것만이 중요한 것이 되어 버린다.

우리 안에 있는 나침반은 우리가 여행을 하는 매순간 가장 중요한 것을 놓치지 않도록 이끌어 준다.

반항적인 십 대를 기르다 보면, 아이가 집을 떠나서 독립할 때 또는 더 이상 다른 사람을 괴롭히지 않게 될 때를 종착역으로 삼기 쉽다. 그러나 목적지를 목표로 삼게 되면 진짜 중요한 것은 놓치는 어리석은 짓을 범하기 쉽다. 매일 아이들과 부대끼는 것이 너무 짜증 나거나 힘들어서 아예 거리를 두면, 평생 자녀와 좋은 친구로 지낼 수 있을 기회를 놓치고 마는 것이다.

우리가 가야 하는 방향은 '그저 재미있는 시간을 보내는 것'과 같이 단순한 것일 수도 있다. 어린아이였을 때 나침반 바늘은 대개 깨어 있는 시간을 가리켰을 것이다. 이 시간은 의식적으로 선택된 것이 아니라 그냥 적절하고 당연한 방향으로 떠오르는 것 같았다. 바로 지금 여러분이 따라야 할 방향이 바로 이쪽이 아닐까?

이러한 방향 지침에는 '하라'라는 단어가 들어가는 경우가 많다. 스스로에게 진실하라, 인내하라, 그 순간에 몰입하라, 사랑하는 사람들과 좋은 시간을 가져라, 긍정적인 마음 자세를 가져라, 하느님을 믿어라 등과 같이 말이다. 이러한 표현들은 단순하지만 강력한 방향 지침으로서 인생과 변화의 사막에서 우리가 가야 할 길을 안내해 준다.

하지만 때때로 우리는 건전하지 못한 방향을 따르기도 한다. 우리는 희생양이 될 수도 있고, 칼날을 세우고 다닐 수도 있으며, 남에게

시비를 걸 수도 있다. 다 지나고 나서 뒤돌아 보면 우리가 때로는 바르지 못한 방향을 따라갔을 때도 있었음을 깨닫는다.

목적지는 저 멀리 흘려 버려라

　내면의 나침반을 분명하게 볼 수 있도록 도와 주는 기법이 있다. 그 첫째가 목적지에서 해방되는 것이다.
　탤리스와 나는 프랑스령 리비에라의 해변, 지중해의 짙푸른 바다, 거리에 늘어선 카페, 파도를 타며 우리에게 손짓하는 브리지트 바르도 등 마음속에 분명한 그림이 있었다. 처음에 우리에게는 목적지가 있었고, 그곳은 지도에 있었다. 하지만 어느 순간 갑자기 모든 것이 진공 상태로 변해 버렸다. 아무런 목표도, 목적지도, 지도도, 길도 보이지 않았다. 구체적인 목적지가 사라지자 우리는 나침반이 남쪽을 가리키고 있음을 알았다.
　목표는 방향 감각의 값싼 대체물이 될 수 있다. 인생이나 변화의 사막을 건너는 데 길잡이가 되어 줄 심오하고 의미 있는 방향을 찾는 것보다 목표를 세우는 것이 훨씬 쉽다. 우리는 목표만 달성하면 행복해질 수 있을 것이라는 잘못된 생각에 빠져서 살아 왔다. 에베레스트 산을 오르는 산악인들이 정상에서 보내는 시간은 기껏해야 5분이나 10분 정도이다. 정상에 도달한 사람들은 너무나 피곤하고 지쳐서 그 순간을 만끽하지 못하며, 또 괜히 꾸물거리다가는 목숨을 잃을 수도 있다. 정상에 오르자마자 또 다른 목표가 생긴다. 날씨가 사나워져 눈보라에 휩싸이기 전에 가장 가까운 캠프까지 내려가야 하는 것이다.

중년의 사막에 있는 사람에게는 멋진 오토바이를 산다거나 자기 나이의 반밖에 되지 않는 젊은 여자를 사귄다거나 하는 것이 상실감이나 외로움을 치유해 주는 일시적인 위안이 될 수 있을지도 모른다. 하지만 그 신선한 생동감은 일시적으로 스쳐 지나가고, 등반할 또 다른 산이 필요해질 것이다.

살다 보면 목표가 없어서는 안 되는 그런 때도 있다. 만약 암에 걸렸다는 진단을 받았다면 암과의 전쟁에서 싸워 이기는 것이 목표가 될 것이다. 주치의가 이 목표를 달성하기 위한 계획표까지 세워 줄 수도 있다. 이 경우에는 건강을 회복하는 것이 바로 목표, 목적지가 되며 그리고 그것을 달성할 때까지 길잡이가 되어 줄 지도도 확보하게 된다. 그리고 모든 수단을 동원해서 목적을 향해 최선을 다한다. 그러나 이러한 목표 달성 자체가 불가능해지면 이제는 암에 걸린 상태에서 어떻게 살아갈 것인가 하는 문제가 최대 과제로 떠오른다. 그때 바로 내 안의 나침반이 남아 있는 시간 동안 더 큰 의미를 찾을 수 있도록 길잡이 역할을 해준다.

인생의 사막에서도 목표는 존재한다. 사막에도 산이 있는 것처럼 말이다. 하지만 산은 우리가 올바른 방향을 향해 나아가고 있음을 보여 주는 이정표나 길잡이가 되어 주어야 한다. 중요한 것은 방향 감각이다. 먼저 자신을 안내해 줄 내부의 나침반부터 찾아야 한다. 그렇게 하려면 나아가야 할 방향이 분명하게 보일 때까지는 목표나 도착지는 염두에 두지 않아야 할 것이다.

탤리스와 나는 남쪽으로 갈 방법을 찾을 수 없었다. 기차표를 살 돈도 없었고, 프랑스에서 남의 차를 공짜로 얻어 타는 것은 긴 다리와 짧은 치마 없이는 거의 불가능한 일이었다. 그러다가 우리는 대학 캠퍼스 게시판에서 프랑스인 두 명이 붙여 놓은 쪽지를 보게 되었다. 한 사람은 이십 대 후반의 엔지니어인 장뤽, 그리고 다른 한 사람은 드라이클리닝 사업을 하다가 이제 거의 손을 놓다시피 한 오십 대 남자 앙드레였다. 이 두 사람은 각기 차가 있었는데, 서부 아프리카까지 가는 자동차 여행에 비용을 분담하고 동승할 사람을 구하고 있었다.

장뤽을 처음 보았을 때 까만 피부, 검은색 머리카락, 검은 눈동자를 보고 나는 그가 스페인 사람 아니면 북아프리카 사람일 것이라고 생각했다. 그러나 알고 보니 그는 알제리에서 태어났고 그의 부모는 '검은 발' 프랑스인이었다. 이 '검은 발'이라는 용어는 1950년대와 1960년대에 일어난 잔인한 알제리 독립 전쟁 기간 동안에 알제리에서 도망쳐 나와 프랑스 시민권을 획득한 사람들을 지칭하는 말이다. 대개 프랑스 남부에 정착한 이들은 조상의 땅에 정착한 이민자 신세가

아틀라스 산맥에서 장뤽, 앙드레, 탤리스(왼쪽부터). 탤리스와 나는 태양이 작열하는 해변에서 겨울을 보내기 위해, 장뤽은 유전에서 떼돈을 벌기 위해, 앙드레는 평소 꿈꾸던 낭만적인 여행을 실행에 옮기고자 길을 떠나게 되었지만, 우리의 나침반은 똑같이 남쪽을 가리키고 있었다.

되어 버렸다. 이들 가족 다수는 알제리에서 수백 년을 살아 왔었다.

알제리와 사막에 대한 장뢱의 애정은 겨울에 대한 탤리스의 혐오 감만큼이나 뼈에 사무쳐 있었고 전염성이 강했다. 장뢱이 사하라 사막의 고요와 그 광대한 모래 바다를 묘사할 때면 나는 〈아라비아의 로렌스〉의 낭만적인 이미지를 연상하지 않을 수 없었다. 장뢱은 사하라 사막 중앙에 위치한 아하가르 산맥의 으스스한 달빛 정경과 아직도 사하라 사막에서 살고 있는 수수께끼 같은 투아레그족에 대해 이야기했다. 그는 사막의 고원 지대에 아직까지도 완벽한 상태로 보존되어 내려오는 1만 5,000점의 암벽화에 대해서도 이야기해 주었는데, 그 그림들은 8,000년 전부터 전해져 오는 것으로 사하라 사막이 푸릇푸릇한 사바나 초원이었던 때를 그리고 있다고 했다.

이제 더 이상 사하라 사막은 해변으로 가는 길에 가로질러야 하는 황무지가 아니었다. 나는 사막에 점점 더 빠져들기 시작했다. 장뢱의 말에 따르면 남쪽으로 가면 갈수록 여행은 더욱더 신비스럽고 경탄을 자아낼 것이라고 했다.

여행 자체가 목적지보다 더 흥미로워지는 것은 좋은 징후이다. 그것은 또한 사하라 사막에서의 생존 문제이기도 하다. 길도 없는 막막한 사막에서 운전을 하다 보면 차 앞의 전방 4, 5미터 밖에 안 보이는 경우도 있다. 숨어 있던 바위가 차축을 들이받을 수도 있고, 바로 그 위에 다다르는 순간까지 위험할 정도로 부드러운 모래를 감지할 수 없다. 하지만 아래를 내려다보면 사막 그 자체가, 모래의 색깔과 조직, 단단한 정도가 변하고 있음을 알아챌 수 있다.

산을 오르는 사람들은 위쪽을 바라보는 시간이 많다. 우리의 경우에는 해변이 목적지이기 때문에 위를 쳐다보거나 저 멀리 앞을 응시하게 된다. 눈을 가늘게 뜨고 어른거리는 사막의 지평선을 계속 바라보다 보면 사하라 사막은 어디론가 사라져 버리고 만다. 산의 정상에 너무 중점을 두다 보면 산 자체를 놓칠 수도 있다. 인생의 사막에서도 놓칠 수 있는 부분들이 많다. 여행 그 자체처럼.

이 글을 쓰고 있는 지금, 내 친구 알론조의 아버지가 암으로 죽어가고 있다. 암은 느닷없이 찾아왔고, 진전도 빨랐다. 매주 금요일 저녁 가족이 모여서 식사를 같이 할 때마다 모두들 이렇게 같이 있을 수 있는 순간이 얼마나 고마운지 모른다고 한다. 말기 암은 정말 가혹한 병이지만, 우리에게 순간 순간을 충실하게 살아가라고 가르쳐 주는 훌륭한 선생님이기도 하다. 그 덕분에 우리는 바로 발밑에 깔려 있는 모래를 볼 수 있는 것이다. 하지만 바로 지금을 충실하게 사는 것이 얼마나 중요한지를 깨닫기 위해 누군가 죽는 그런 일이 닥칠 때까지 기다릴 필요는 없다.

눈높이 낮추기

내 안의 나침반을 찾아내는 두 번째 방법은 눈높이를 낮추는 것이다. 일단 목적지를 접어두고 나면, 바로 눈앞에 있는 그 순간에 집중할 수 있다. 나침반 바늘은 우리가 여행 자체에 집중할 수 있도록 도와 준다. 그리고 여행에 집중하면 우리 안의 나침반도 더 쉽게 찾을 수 있다.

예를 들어, 현재 경제적으로 심각한 어려움을 겪고 있다면 일단 채무 상태에서 벗어나는 것이 일차적인 목표가 될 것이다. 하지만 그 목적을 달성할 때까지는 몇 년의 세월이 걸릴 것이고, 그 와중에 많은 여행을 놓치게 될지도 모른다. 일단 목적지를 접어두고 나면, 매일 수입의 범위 내에서 적당히 지출하고, 버는 것 이상 쓰지 않으려고 노력하게 된다. 사실 바로 그것이 나침반 바늘이 될 수 있다.

또는 눈높이를 낮추어 수준에 맞는 생활을 하면 인생을 사는 데 있어서 돈이 아닌 다른 종류의 풍요로움을 맛볼 수 있는 새롭고 더 심오한 나침반을 발견하게 된다. 그러한 나침반 바늘을 따르면 어떻게 될까? 비금전적인 풍요함을 맛보면, 가장 중요한 관계를 가꾸고 자기 주변을 둘러싼 세상의 아름다움을 보며 창의성을 충분히 발휘할 수 있게 된다. 이러한 나침반 바늘이 있으면 아직 빚을 다 갚지 못한 상황일지라도 백만장자보다 훨씬 더 풍요로운 삶을 누릴 수 있을 것이다.

목표를 갖는 것 자체가 잘못된 것은 아니다. 문제는 산꼭대기 이외의 다른 것이 눈에 들어오지 않는다는 것이다. 심각한 위기 상황이면 빚을 청산하는 것이 정말 중요할 것이다. 그러나 최종 결과를 생각하지 않으면 새로운 무언가가 등장한다. 그러나 여기에서 조심하지 않으면 그것조차 또 다른 목표 또는 또 다른 계획이 되고 만다. 따라서 우리는 바로 눈앞에 있는 것 외에는 아무것도 중요하지 않은 지금 현재에 모든 주의를 집중하여야 한다. 이것은 대부분의 사람들이 살아가는 방법에 있어서 엄청난 변화를 의미하며, 우리를 인도해 줄 의미 있는 나침반 바늘이 되어 줄 수 있다.

우리는 변화의 사막에 있지 않을 때에도, 나침반 바늘을 찾고 있지 않을 때에도 눈높이 낮추기를 실행할 수 있다. 매일 지금 이 순간에 완벽하게 충실히 산다면 어떨까? 셔츠를 다리건, 출근하는 길이건, 딸아이와 노는 순간이건, 세탁기에서 막 세탁한 옷을 꺼내고 있는 중이건, 그 순간 하고 있는 일이 가장 중요한 것이라면 어떨까? 이런 자세로 산다고 해서 해야 할 일들이 사라지는 것은 아니지만, 다음에 해야 할 일이 아닌, 바로 눈앞에 있는 일에 모든 주의를 기울이는 것이다. 그렇게 된다면 미래를 향해 돌진하는 가운데에서도 현재의 충만함을 잃지 않을 수 있다. 이렇듯 현재에 집중하는 것이 사막을 여행하는 마음 자세이며 그 덕분에 우리의 여행이 더 풍요로워진다. 아마 그래서 투아레그족 언어인 타마셰크어에는 내일을 의미하는 단어가 없는 것인지도 모르겠다.

프랑스에서 독립하고 난 후, 알제리는 독립에 대한 상징으로 많은 도로 표지판을 프랑스어에서 아랍어로 교체했다. 그 덕분에 우리는 아틀라스 산자락에서 길을 잃고 말았다. 그 지역이라면 자기 손바닥처럼 훤하다던 장뤽은 자동차 보닛 위에 펼쳐 놓은 지도에서 눈을 뗄 줄 몰랐다. 앙드레는 어깨 너머로 지도를 보고 있었다.

탤리스와 나는 도로 가장자리를 따라 걸었다. 탤리스는 그날 아침 처음으로 담배를 뽑아 물었다. 앙드레는 그의 소형 시트로엥 트럭 안에서 담배를 피우지 못하게 했고 장뤽도 담배를 피우지 않았다. 나는 문 네 개짜리 파란색 푸조 세단에서 장뤽과 10시간을 함께 보내고 있었으므로 담배 냄새가 나지 않아 좋았다. 프랑스에서 그렇게 인기가 좋은 달콤한 흑담배를 연신 피워대지 않는 프랑스인들은 아마 그 두 사람밖에 없을 것이다.

우리와 달리 그 두 사람은 목적지가 분명했다. 장뤽은 나이지리아로 가는 길이었는데, 나이지리아 유전에서 일자리를 잡아 떼돈을 버는 것이 목표였다. 그곳에서는 세금을 내지 않아도 된다고 했다. 앙드레는 꿈을 이루기 위해 노르망디에서 하고 있던 드라이클리닝 사업을 접었다. 지난 몇 년 동안 앙드레의 꿈은 지구의 은유적인 끝부분인 통북투를 방문하는 것이었다. 나는 그곳이 실제로 존재한다는 사실에 놀랐다. 한때 문화, 상업, 이슬람교의 중심지로 번성했던 통북투는 이제 사하라 사막 남쪽 경계선의 먼지를 뒤집어쓴 전초기지가 되어 버렸다.

　장뤽과 앙드레가 지도를 보며 열심히 연구하는 동안 나는 그 뒤에서 어슬렁거렸다. 장뤽은 꼭 N-1 고속도로를 타야 한다고 말했다. 그 길이 알제리의 광활한 사하라 사막까지 갈 수 있는 가장 빠른 직행로라는 것이었다. 나는 그저 돈을 내고 차를 얻어 타는 신세일 뿐이며 여행길에 대한 결정권은 그 프랑스인들에게 있다는 사실을 깜박 잊고, 그냥 남쪽으로 계속 가면 어떻겠느냐고 제안했다. 장뤽은 그것은 시간 낭비이며, 북부 알제리를 헤매며 돌아다니고 싶지는 않다고 말했다.

　　　효율성을 중요시하는 사회에서는 방황에 불명예스러운 꼬리표가 붙는다. 하지만 이것은 우리가 산의 가치관을 변화의 사막에 적용하기 때문이다. 브리티시 컬럼비아의 빙하로 덮인 장엄한 산을 오를 때는 정상에 이르는 가장 안전한 직선 코스를 찾게 마련이다. 그리고 낮에 등반 길에 올라 정상까지 갔다가 어두워지기 전에 내려온다. 산을 오르면서 가장 하고 싶지 않은 일이 아마 헤매는 일일 것이다.

　방황을 통해 진정한 방향 감각을 얻을 수 있다면 사막에서는 방황이 효과적인 것이 될 수 있다. 결국에 어느 나침반 바늘을 따라야 할지만 알게 되면 앞으로 나갈 수 있다. 오스트레일리아 원주민의 문화에서는 방황이 일종의 성년 의례로, 젊은이는 혼자서 사막을 헤매고 다니며 자기 자신의 고유한 성격과 장점을 깨닫는 과정을 거친다. 이것은 자기 인생에서 나침반 바늘이 어디를 가리키고 있는지를 깨달을 수 있는 좋은 방법이기도 하다.

때로 우리는 방황하다가 길을 잃기도 하고 신기루를 좇기도 한다. 지구 자기장의 편차에 따라 수정을 해주어야 하는 나침반과 마찬가지로 우리도 우리 내부의 나침반이 항상 진실된 방향만을 가리키지는 않는다는 사실을 인정해야 한다. 또한 스스로 내부의 나침반을 읽어낼 수 없는 경우도 있다. 부모나 상사, 배우자 그리고 사회가 우리에게 일러 주는 방향을 따라가다가 내 안에서 들려오는 희미한 방향의 소리를 듣기 위해서 많은 노력을 기울여야 한다. 또한 우리가 따라가야 하는 나침반의 방향이 별로 달갑지 않거나 고통스러울 경우, 완전히 다른 방향으로 가야 하는 수만 가지 이유가 떠오를 수 있다. 방향 감각을 찾는 데는 시간이 걸린다.

목적지를 접어두면 길을 잃은 느낌을 받게 마련이다. 애매모호한 것을 잘 참지 못하는 인간의 본성 때문에 우리는 새로운 목적지를 찾아 나설지도 모른다. 하지만 사막에 어떤 구조와 계획, 목표를 강요하고자 하는 충동을 억제해야 한다. 불확실성을 참아낼 수만 있다면 방향 감각이라고 하는 선물을 받게 될 것이다. 목적 의식을 가지고 방황하는 법을 배우게 되면 불확실성의 개운치 않은 느낌을 잘 다룰 수 있다.

목적 의식을 가지고 방황하기

　사람들이 방황하면서 저지르기 쉬운 실수가 세 가지 있다. 하나는 목적지에 중점을 두는 것이다. 우리는 완벽한 일자리, 인생의 반려자, 어릴 적 마음에 입었던 상처의 즉각적인 치료, 중독으로부터 벗어날 수 있도록 도와줄 처방을 원한다. 목적 의식을 가지고 방황한다는 것은 우리를 이끌어 줄 방향을 추구하고 걸어갈 길을 찾는 것이지 문제를 그 자리에서 해결해 줄 마술과 같은 치료약을 구하는 것이 아니다.

　어떤 때는 변화의 사막 가장자리를 배회하는 실수를 저지르기도 한다. 그것은 본격적인 여행길에 오르는 것을 회피하는 것이다. 방향을 찾고 있는 척하지만 실제로는 단지 사막을 피하고 있을 뿐이다. 일례로 계속해서 새로운 학위나 새로운 분야를 추구하는 학생들을 들 수 있는데, 그들은 '직업을 가지고 사는' 인생의 사막을 피하고 있는 것이다.

　세 번째 실수는 무의식적으로 배회하는 것이다. 이는 자동 조종 장치가 달린 비행기를 타고 가는 것과 같다. 즉, 가고 있는 방향에 주의를 기울이지 않고 행로에서 벗어나 헤매는 것이다. 어떤 일을 시작할 때나 누군가와 관계를 맺을 때 우리 안에는 분명히 나침반 바늘이 존재하지만, 어느 순간 방향 감각을 상실해 버리고 만다. 몇 년이 지난 후에야 자기가 나침반을 따라오지 않았음을 깨닫는다. 하지만 그때쯤이면 그 방향은 더 이상 의미가 없을 수도 있다.

삼십 대 초반에 나는 무대에서 혼자 연기하는 희극 배우가 되고 싶었다. 나는 성공을 위한 지도를 탄탄하게 짜놓았다. 처음에는 아무나 마이크를 잡을 수 있는 무대에서 아마추어로 시작한다. 완벽한 7분짜리 대본을 준비해서 막이 처음 올라갈 때 공연하고, 결국에는 히트를 쳐서 30분에서 45분짜리 최고급 코미디를 연기한다. 그러고 나서 뉴욕, 라스베이거스, 마지막에는 할리우드에서 시트콤을 찍는 것이다. 이처럼 목적지로 가는 길과 목적지 자체가 아주 분명해 보였다.

나의 가장 성공적인 공연은 내 마지막 무대가 되고 말았다. 나는 그 당시 살고 있던 토론토의 한 코미디 클럽에서 밤에 7분 정도 무대에 설 수 있는 기회를 잡았다. 내가 무대에 서서 농담을 건넸을 때 아무도 웃지 않았다. 고요 그 자체였다. 킥킥 소리 하나 들리지 않았다. 그러자 좋은 생각이 떠올랐다. 나는 내가 늘 하던 연기를 동일한 청중을 대상으로 똑같이 되풀이하면서 이번에는 각 문장 앞에 욕을 섞어 넣었다. 그러자 청중들이 난리 법석을 떨면서 웃어 댔다. 7분 동안 나는 희극 배우로 성공할 수 있는 방법을 배웠고, 또한 희극 배우가 내 천직이 아니라는 사실을 깨달았다.

목적지를 접어두자 산은 사막으로 변해 버렸다. 혼자 하는 희극은 신기루였지, 산의 정상이 아니었다. 나는 '희극 배우가 되는' 산을 타는 대신에 '직업을 전전하는' 사막을 건너기 시작했다. 나는 다음에 어떤 직업을 갖게 될지 알 수 없었다. 하지만 방향이 나타나 주기를 바랐다.

나는 눈높이를 낮추고, 기업체 임직원을 대상으로 한 건강 컨설턴트인 현재의 직업에 충실했다. 나는 고객사의 종업원들과 만나서 건강이나 생활 습관 개선 계획 같은 것을 짜는 데 많은 시간을 보냈다. 하지만 때로는 잠재적인 기업 고객들을 대상으로 영업 프리젠테이션을 하기도 했다. 어느 날 보통 때처럼 프리젠테이션을 마치고 나서 나는 기립 박수를 받았다. 놀랍게도 그 계약을 따내지는 못했지만, 나는 그때 내가 가야 할 길을 감지했다. 내 안의 나침반은 내가 대중들 앞에서 연설하는 일을 해야 한다고 가리키고 있었다.

다음에 나는 담배를 끊으려고 하는 사람들을 위한 강좌를 담당할 강사를 모집한다는 광고를 보고 거기에 응모했다. 그 일을 하기 위해서는 두 가지 조건이 있었다. 하나는 대중들 앞에서 말하기를 즐겨야 한다는 것이었고, 또 하나는 흡연을 했던 사람이어야 한다는 것이었다. 물론 나는 사람들 앞에서 말하는 것을 즐기고 있었으므로 첫째 조건은 문제없었다.

하지만 두 번째 조건이 문제였다. 나는 담배를 피워 본 적이 없었다. 그래서 거짓말을 했다. 강사를 찾는 데 혈안이 되어 있던 고용주들은 쉽게 속아 넘어갔다. 하지만 학생들은 속지 않았다. 니코틴 금단 현상에는 두 가지가 있는데 기분이 엄청 나빠지며 다른 사람 속까지 꿰뚫어 볼 수 있게 되는 것이다. 흡연자들은 내 속을 훤히 들여다보고 있었다. 그들은 내가 한 번도 담배를 피워 본 적이 없는 사람이라는 것을 단번에 알아차렸다. 그래서 나는 그 일을 그만둘 수밖에 없었다.

나의 방황은 의도적인 것이었고, 내 나침반은 점점 더 뚜렷해졌다. 나는 두 번째 신기루를 좇으면서 내가 가야 할 방향을 더욱 분명하게 볼 수 있게 되었다. 나는 대중 앞에 서는 것을 좋아했지만 그 대중은 술에 취하거나 니코틴 금단 현상으로 짜증을 잘 내는 그런 청중은 아니어야 했다. 더욱 중요한 것은 내가 아닌 다른 사람인 척하기보다는 나 스스로를 그대로 보여 줄 수 있는 그런 자리여야 한다는 것이었다.

하루나 일주일쯤 나침반을 따라가 보라. 그리고 인생이라고 하는 거대한 사막 안에 있을지라도 자신이 걷고 있는 사막의 이름을 불러 보고, 존재 방법, 살아가는 방법의 방향을 선택하라. 그리고 한동안 그 길을 따라 걸으면서 "내가 점점 나의 사막 깊숙이 들어가고 있는 것인가?"라는 질문을 계속 던져라. 궁극적으로 사막을 건널 수 있는 방법은 그것밖에 없다. 사막 안으로 더욱 깊숙이 들어가는 것 외에 다른 수가 없는 것이다. 나침반은 여러분이 이러한 여행을 충실하게 할 수 있도록 도와 줄 것이며, 여러분에게 의미가 있는 그런 방향을 꾸준히 제시해 줄 것이다.

현재 진행형이라는 동사 시제가 있다. 우리의 나침반을 그렇게 생각하면 된다. 인생 속으로 더 깊이 들어가는 여행을 하는 동안 나침반은 우리가 현재, 이 순간을 잃지 않도록 도와 준다. 방향 감각만 올바르게 잡혀 있으면 길을 잃었을 때도, 지도가 쓸모없는 그런 곳에서도 우리는 계속 앞으로 나아갈 수 있다.

하 일을 마치면 프로젝트를 끝내고 나면,
사람의 날 거라고 생각하며 오아시스를 지나친다
그러나 잠깐은 지금이 아쓴다

2

오아시스를 만날 때마다
쉬어가라

탤리스는 돌멩이 다섯 개를 골라 겨냥했다. 내가 던진 다섯 개 중에 세 개는 벌써 아무도 읽을 수 없는 또 다른 길 안내판에 명중했다.

쾅.

"하나 명중이오" 하고 탤리스가 외쳤다.

돌은 사방에 널려 있었다. 북부 사하라에는 높은 고원 지대, 돌 언덕, 돌 계곡 어디에나 돌이 엄청나게 쌓여 있었다. 알제리의 아틀라스 산맥에서 바람이 불어가는 쪽으로 구불구불 나 있는 리본 모양의 좁고 검은 아스팔트 길을 빼놓고는 모두 고대의 바위 덩어리로 되어 있었다. 장뤽에 따르면 여기도 사막이었단다. 뭐, 장뤽이야말로 사막의 전문가이니 따로 할 말이 없었다.

"장룍 때문에 정말 짜증나." 내가 말했다.

탤리스는 돌을 던져서 길 안내판에 구멍을 뚫었다. "두 번째 또 명중."

"차 안에서 하루 종일 떠드는 소리를 듣고 있으면 돌아 버릴 것 같아. 마치 자기가 세상 모든 일을 다 아는 것처럼 떠들어. 저기 돌 무더기가 사막이라는군. 이건 사막이 아니잖아. 이건 그냥 부싯돌이 쌓인 마당일 뿐이라구."

탤리스는 오른팔을 들어 돌을 던질 준비를 하고 있었다. "왜 그러는 거야. 어쨌든 우리는 남쪽으로 가고 있잖아. 그러면 된 거 아냐."

"하, 이번엔 놓쳤네. 세 개 던져서 두 개 잡았군."

"옆에서 투덜대는 통에 정신 집중이 안 돼서 그래." 탤리스가 불평을 했다.

"계속해 봐. 하지만 내가 이기면 트랜지스터 라디오는 내 거야." 내가 말했다.

"그래. 대신 내가 이기면 자네 침낭은 내 거야."

쾅.

"네 개 중에 세 개 명중. 그럼 동점." 탤리스가 외쳤다.

사막과 같은 환경에서는 의식주가 더욱 중요하다. 프랑스인들이 각자 자기 차 안에서 잠을 자는 동안 우리는 군대식 간이 야외 침대에서 잠을 잤다. 탤리스는 몹시 추운 사막의 밤을 지내면서 나의 침낭을 탐냈고, 나는 탤리스의 라디오가 욕심났다. 탤리스는 자기가

북부 사하라에서 돌을 던지고 있는 탤리스(왼쪽)와 나. 알제리 독립 후 프랑스어에서 아랍어로 바뀌어
우리에게는 아무 쓸모가 없었던 도로 표지판을 향해 돌을 날렸다.

좋아하는 캐나다 방송국에서 내보내는 단파 방송을 찾아 헤매며 몇 시간 동안 라디오를 켜놓곤 했다. 나는 아라비아의 흐느끼는 듯한 이국적인 음악 소리가 더 좋았다.

"Allons-y. 갑시다." 장뤽이 외쳤다.

이제 가야 할 때가 된 것이다. 탤리스가 던진 돌이 목표물을 한참 빗나간다.

"동점이야. 오늘 밤도 자네는 오들오들 떨어야겠군." 나는 탤리스를 놀려댔다.

우리는 다시 차 안으로 기어들어갔다. 시트로앵 트럭에 탄 앙드레와 탤리스가 선두에 섰다. 길이 고원 지대로 접어들 무렵, 앙드레가 차를 멈췄다.

"왜 또 저러는 거야?" 나는 혼잣말로 중얼거렸다. 그 순간 수십만 그루의 야자수와 광대한 과수원이 내 눈에 들어왔다. 눈앞에 펼쳐진 것은 광대한 사막 한가운데에 자리잡고 있는 녹색 지대였다. 점점 더 가까이 다가가자, 사막의 태양열에 익어 버린 바위로부터 음자브 오아시스의 다섯 마을이 떠올랐다. 다섯 개 언덕 모두 그 꼭대기에 회교 사원이 있었고, 1,000년 이상 된 건물들이 중세식 벽에 둘러싸여 있었다. 앙드레는 언덕 하나를 손으로 가리키며, "저곳이 가르다이아라네"라고 말했다.

우리가 만난 최초의 오아시스. 그 모습은 가히 숨막힐 정도로 아름다웠다. 나는 『천일야화』의 시대로 되돌아간 듯한 착각에 빠졌다.

나는 오아시스에 가보고 싶어 참을 수가 없었다. 시계를 보았더니 아침 10시 30분이었다. 차를 타고 온 지 두 시간 정도밖에 지나지 않은 것이다.

나는 장뤽과 앙드레에게 가르다이아에서 쉬었다 갈 것인지 물었다.

그들은 차마 못 들을 말을 하거나 상상도 못한 짓을 저지른 미국인을 보는 프랑스인들의 눈초리로 나를 쳐다보았다. 장뤽은 머리를 흔들며 자기 차 쪽으로 걸어갔고, 앙드레는 나를 쳐다보며 아주 심각한 어조로 이렇게 말했다.

"Dans le désert, on s'arrête à chaque oasis. 사막에서는 오아시스를 만날 때마다 쉬어가는 거라네."

프랑스어를 통해 그의 표정이 완벽하게 전해졌다. 그의 어조에는 놀라움과 당황스러움, 불만, 심지어는 혐오감까지 배어 있었다. 그것은 마치 장례식에서 전화벨이 울리고 콘도미니엄 장사를 하는 사촌이 폼나는 양복 주머니에서 이동전화기를 꺼내어 전화를 받을 때 북미인들이 짓는 표정과 흡사했다.

우리가 오아시스를 그냥 건너뛸 때마다 그런 표정으로 보아 주는 사람이 없는 것은 무척 유감스런 일이다. 점심 시간도 건너뛰며 일을 하고, 토요일 아침 운동을 거르고, 마사지 계획을 취소하고, 휴가에 노트북을 가져 가고, 저녁 식사를 하는 도중에 전화를 받는 이 모든 것이 오아시스에서는 꼭 쉰다는 사막의 규칙을 어기는 일이다.

컴퓨터 캘린더 안에 소프트웨어 프로그램이 내장되어 있어서 주말에 일을 하려고 할 때, 이렇게 황당한 표정으로 얼굴을 찌푸린 프랑스 남자의 모습이 스크린에 나타나도록 되어 있었으면 좋겠다. 아니, 오아시스를 만났으면 하는 희망을 가지고 모래 언덕을 기어오르는 흙투성이 프랑스 용병의 모습이 더욱 좋겠다. 사실은 용병의 이미지가 더욱 들어맞는다. 우리는 모두 오아시스가 절실하게 필요한 군인들과 같다.

사하라 사막에서 꼭 오아시스에 멈추어 쉬어야 할 이유에는 세 가지가 있다. 첫째, 쉬면서 기력을 회복해야 한다. 둘째, 여정을 되돌아보고 정정해야 할 것은 정정한다. 마지막으로 오아시스에서는 같은 여행길에 오른 다른 사람들을 만날 수 있다. 사람들은 눈앞에 닥친 일뿐 아니라 위의 중요한 세 가지 일을 하기 위해 시간을 내야 한다는 사실을 잘 알고 있다. 그런데 잘 알면서도 왜 멈추어 쉬어가지 않는 것일까?

문제는 우리가 산을 오르는 사람처럼 생각하며 산다는 데 있다. 우리는 정상에 다다르기 위해 안달하는 열병을 앓고 있다. 우리는 항상 조금만 더, 조금만 더 하며 젖먹던 힘까지 다해 정상을 향해 가며, 정상에 오르면 쉴 수 있을 것이라고 생각한다. 해야 할 일을 다 끝낼 때까지, 또는 쏟아져 들어온 193통의 이메일에 다 답을 할 때까지 오아시스를 그냥 지나친다면 그것은 바로 정상을 향한 열병에 걸려 있음을 의미한다. 직장 조직 개편이 끝날 때까지, 아이들이 학교를 마칠 때까지, 이혼이 마무리될 때까지, 퇴직할 때까지 오아시스에서 쉬는 것을 미룬다면 목적지를 인생의 우선 순위로 삼았다는 뜻이다. 퇴직을 정상에 오르기까지 간과하고 지나쳤던 모든 것을 한꺼번에 메우는 거대한 오아시스로 생각한다면, 그것은 사막 여행의 핵심적인 규칙을 잊은 것이다.

산을 오르는 사람들조차도 이러한 정신 상태가 위험하다는 사실을 알고 있다. 에베레스트를 등반하는 사람들은 극도로 피곤한 상황에서 정상을 향해 계속 나아가다가 동상에 걸려 손가락이나 발가락을 절단하는 경우가 많으며 심지어 목숨을 잃기도 한다. 다행히도 사하라를 건너는 여행자 중에 정상에 대한 열병을 앓는 사람은 거의 없다. 왜냐하면 사막에는 정상이 없기 때문이다. 단지 그 전날과 똑같은 사막의 지평선만이 존재할 뿐이다. 사막을 여행하는 사람은 그 다음 오아시스밖에 보지 못한다. 인생을 산이 아니라 사막으로 보게 되면 인생을 살아가는 방법뿐 아니라 중요한 관계까지도 근본적으로 변하는 것을 느낄 수 있다.

이상하게도 멈추어 쉬고 활력을 되찾으면 더 많은 것을 할 수 있다. 쉬지 않고 계속 가서 기진맥진한 상태가 되어 버리고 나면, 중간에 쉬어가며 여행할 때보다 회복하는 데 네 배 정도의 시간이 든다. 이 장의 도입 부분에 사막의 지혜를 담은 글귀를 실었는데, 그 글귀는 모순적으로 들린다. 더 많이 쉴수록 더 멀리 갈 수 있다. 유목민들은 우리가 잊어버린 것을 기억하고 있다. 더 자주 멈출수록 인생의 사막에 더 깊숙이 들어가 볼 수 있다는 것을.

원기를 되찾는 것은 단지 충분한 수면을 취하는 것 이상을 의미한다. 우리는 침대에 누워서 주말 신문을 처음부터 끝까지 읽을 수 있는 혼자만의 여유 시간이 필요하다. 우리는 즐기고, 웃고, 사랑하고, 최고급 적포도주를 마시며 쉴 수 있는 시간이 필요한 것이다.

옛날에는 사무실 문에 '낚시 갔음'이라는 표지판을 내다 거는 것이 오후에 일을 하지 않는다는 것을 알리는 합법적인 방법이었다. 하지만 이제는 정반대가 되었다. 우리는 쓰지 않은 비치 타월이나 먼지 앉은 골프 클럽에다 오아시스에서 쉬어 가지 않는 이유를 써서 걸어 놓아야 할 상황이 되었다. 거기에는 아마 '이메일 확인중'이라고 씌어 있지 않을까.

쉬지 않고 정상으로 치닫게 만드는 열병 때문에 우리는 주어진 일을 해치운다. 하지만 오아시스를 만날 때마다 쉬지 않으면 인생의 사막, 변화의 사막은 우리에게 그 대가를 치르게 한다.

앙드레는 골리앗을 겨누고 있는 다비드처럼 머리 위로 타월을 빙빙 돌리고 있었다. 공중에는 푸른 나뭇잎들이 날리고 있었다. 탤리스와 나는 그 광경을 재미있게 지켜보았다. 앙드레는 푸조 자동차의 보닛에 타월을 펼치더니, "Voilà! 여기 봐!"라고 말했다. 거기에는 앙드레가 그날 오후 동안 오아시스에서 거둔 결실이 놓여 있었다. 바로 프랑스식으로 세척하고 말린 신선한 샐러드였다.

앙드레는 가르다이아가 신선한 녹색 야채를 먹을 수 있는 마지막 장소라고 말하고는 비네그레트 소스를 만들기 시작했다.

장뤽은 푸조의 뒷자리를 뜯어내고 만든 공간에 물과 가솔린 캔을 싣고 있었다. 탤리스는 버려진 카 시트 위에 앉아서 불을 쑤시고 있었다. 우리 둘 다 오아시스를 탐험하느라 지쳐 있었다. 자갈로 포장된 가르다이아의 미로 같은 비좁은 거리를 헤매고 난 후 나는 음자브의 다른 촌락에 가보자고 했다. 우리는 작열하는 사막의 태양 아래 터덕터덕 걸어서 벽으로 둘러싸인 마을들을 여기저기 돌아다녔다. 하지만 가는 곳마다 머리에 터번을 쓰고 헐렁한 바지를 입은 턱수염을 기른 남자가 문 앞에 나타나 우리가 안으로 들어가지 못하도록 막았다.

이 음자브인들은 1,000년 전쯤 북쪽에서의 박해를 피해 이곳 사막으로 도망쳐 왔다. 자기네 문화를 보호하고 보존하기 위해 대부분의 마을을 외부인들이 접근하지 못하도록 폐쇄하고 있었다. 그들은 탤리스와 나를 야만인쯤으로 생각했다.

우리는 오아시스에서 1.6킬로미터쯤 떨어진 길가에 캠프를 쳤다. 태양은 지평선 위로 쏟아진 불꽃마냥 금세 기울었다. 저녁 식사가 끝나자 사막의 차가운 밤공기가 밀려와 우리는 각자 침낭과 차로 들어갔다. 젊은이들로 가득 찬 차가 우리 곁을 천천히 지나갔다.

"저 차 봤어? 벌써 몇 번째야." 내가 탤리스에게 말했다.

"뭐가?"

우리가 맨 처음 닿은 오아시스, 가르다이아. 광대한 사막 한가운데 천 년 이상 이어져 내려오며 중세의
신비를 여전히 간직한 이 도시는 알제리의 사하라 사막으로 들어가는 관문이다.

내가 미처 대답도 하기 전에 그들은 차의 경적을 울리며 우리에게 소리를 지르기 시작했다.

"쟤들이 지금 뭐라고 하는 것 같아?" 나는 침낭의 지퍼를 올리며 탤리스에게 물었다.

"내가 알아? 아마 '알제리에 오신 것을 환영합니다' 라고 외치고 있겠지"라고 탤리스는 냉소적으로 말했다.

앙드레는 밖이 왜 이리 소란스러운가 싶어 트럭 밖으로 나왔다. 그 알제리인들은 차를 돌려서 다시 이쪽으로 오고 있었다. 나는 이 나이든 프랑스인에게 저 애들이 우리한테 혹시 해코지는 하지 않을지, 우리의 안전에 문제는 없는지 물었다.

"Oui, aucun problème. 안전해. 문제없어."

그러고 나서 앙드레는 다시 트럭으로 기어 들어갔고 이어서 문을 잠그는 소리가 들렸다. 알제리인들의 차는 속도를 늦추었다. 헤드라이트 불을 끄고 천천히 우리 곁을 지나갔다. 이번에는 손가락질까지 하며 우리를 비웃었다.

이제는 오아시스 마을을 둘러싼 벽들이 절실하게 아쉬웠다. 그때 나는 발가벗고 있는 느낌, 전혀 아무런 보호도 받지 못하고 있는 느낌이 들었다. 이 야만인들이 취침이라고 하는 내 오아시스를 침범하고 있었다. 그 차는 불을 끈 상태에서 계속 길 위를 다녔고, 계속 앞으로 가고 있는지 아니면 또 돌아섰는지 알 수가 없었다. 나는 귀를 쫑긋이 세우고 차 소리를 듣기 위해 애를 썼다. 곧 헤드라이트 불빛이 보였다. 그 차는 조명을 위로 환하게 켜고 요란한 소리를 내며 우리 곁을 지나갔다. 동시에 차 안에서 웃음 소리와 아랍 음악이 흘러나왔다.

오아시스 주변의 벽은 강도와 야만인 그리고 비신도들이 가까이 오는 것을 막기 위한 것이다. 그리고 모래 폭풍으로부터 사람들을 안전하게 보호해 주기도 한다. 오아시스 안에 사는 사람들의 피난처를 보호하는 테두리 역할을 하고 있는 것이다. 이 벽이 오아시스를 사막으로부터 분리해 주기 때문에 사람들은 그 안에서 안전하다고 느낀다.

디지털 시대가 되면서 수많은 성가신 벽들이 허물어져, 사는 것이 더 쉬워지고 편리해졌다. 우리는 이제 팩스와 인터넷을 사용해 집에서도 일을 할 수 있다. 십 대 아이들이 어디에서 헤매고 있건 휴대 전화 한 통이면 그들이 있는 곳을 알 수 있고, 화상 회의 덕분에 서로 다른 대륙에 살고 있어도 얼굴을 보며 회의를 할 수 있게 되었다. 하지만 동시에 우리의 오아시스를 정의하고 보호해 주었던 천연의 보호 장벽을 많이 상실했다. 집에서 하는 작업 때문에 식탁이 서류로 뒤덮이고 새벽 3시에도 업무와 관련된 전화가 걸려 온다. 휴가를 즐기거나 골프를 치는 중에도 휴대 전화가 울린다. 디지털 혁명 덕분에 우리는 고객이나 동료, 아이들과 항상 가까이 있을 수 있게 되었다. 텔레마케터들과 스팸 메일 살포자들은 우리가 어떤 물건을 사고, 언제 집에 있고, 어떻게 해야 연락이 되는지 훤히 꿰고 있다. '벽이 무너졌다'는 포스트모던 세계의 슬로건이다. 그것은 또한 세상이 천천히 돌아가고 일과 휴식 간에 경계가 좀더 뚜렷했던 시절에 대한 애도이기도 하다.

벽 쌓기

우리가 할 수 있는 가장 중요한 일은 오아시스 주변에 벽을 쌓는 것이다. 밤에 전화기 코드를 뽑아 두는 것만큼 간단한 일이 될 수도 있다. 저녁 식사를 하는 동안에는 전화를 받지 않고 가족과 함께 즐겁게 식사를 하겠다는 약속도 하나의 벽이다. 휴가를 가면서 노트북을 두고 가는 것은, 여름 휴가의 오아시스에 헐렁한 바지를 입고 터번을 두른 문지기를 세워 두는 것과 같다.

번영을 향해 내달리는 와중에 우리는 영어에서 두 글자로 된 가장 강력한 단어, 'No'를 잃어버렸다.

"좀 늦게까지 일해 줄 수 있으세요?" "물론이죠."

"주말에 좀 와주시겠습니까?" "그럼요."

No도 하나의 벽이다.

음자브 노인들은 탤리스와 내가 서방인이라는 것을 한눈에 알아보았다. 음자브 출신이 아닌 알제리인들도 그 옷차림이나 말하는 것을 들으면 티가 났다. 하지만 우리의 오아시스를 침범한 야만인들은 그 정체를 파악하기가 더 어려울 수도 있다. 때로 그들은 우리가 가장 사랑하는 사람이기도 하니까.

우리의 아이들, 배우자, 부모, 친구, 동료는 우리의 생활을 끊임없이 침범하는 침입자가 되기도 한다. 부부나 연인도 서로 떨어져 있는 시간이 필요하다. 부부는 아이들과 떨어져 단 둘이 지낼 시간이 필요하다. 주말에는 직장 동료에게 전화를 걸 필요도 받을 필요도 없다. 벽을 쌓는 것은 본인 스스로가 해야 할 일이다. 탤리스와 나는 나쁜 뜻 없이 음자브 오아시스의 마을로 들어갔다. 하지만 그곳은 닫혀 있었다. 벽과 문지기 그리고 문이 우리를 가로막고 있었다.

때로는 마음속에 있는 생각이나 두려움 등이 우리의 오아시스를 침범하는 야만인이 될 수도 있다. 내 아들은 세상에 나왔을 때 거의 죽어가고 있었다. 우리는 헬리콥터를 타고 토론토에 있는 아동 전문 병원으로 아기를 옮겼고, 아기는 생명을 부지했다. 하지만 신생아 중환자실의 아기 침대 옆에서 보낸 2주일이라는 시간은 나와 아내에게 있어 사막과 같았다.

나는 두세 시간마다 밖으로 나가 잠깐 산책을 했다. 그것이 나의 오아시스였다. 하지만 병원 문을 나설 때마다 "내가 없는 동안 아이가 잘못되면 어떻게 하지? 혹시 산소 부족으로 뇌가 손상되는 건 아닐까?" 하는 걱정들이 밀려왔다. 그때 내게 그토록 절실히 필요했던 산책이라는 오아시스를 침범했던 야만인은 바로 두려움과 걱정이었다. 나는 산책을 하기 위해 병원 문을 나섰을 때보다 훨씬 더 산란해진 마음으로 병원에 돌아오곤 했다.

나는 토론토의 시내 거리를 거닐며 병원에 누워 있는 아들과 대화를 나누는 상상을 하기로 했다. 나는 아이와 함께 하고 싶은 모든 일들을 이야기했다. 공 던지고 받기, 자전거 타기, 낚시하기. 이렇게 상상의 대화를 나누다 보면 두려움이 사라졌다. 대화가 두려움을 막아 주는 벽이 된 것이다. 점차 내 주위를 둘러싼 활기찬 도시 생활이 눈에 들어오기 시작했다. 이제는 거리 공연을 보기도 하고 퀸스 공원의 그늘을 지나 걷기도 했다. 그렇게 새로워진 마음으로 나는 아기 침상 옆에서 사막을 걷고 있던 아내의 곁으로 돌아갔다.

다음에 화장실에 갈 때는 문을 잠그지 말고 그것이 즐거운지 보라. 그 어느 누구도 문에 빗장이 필요함을 의문시하지 않는다. 화장실은 아직 벽을 가지고 있는 몇 안 되는 오아시스 중의 하나이다. 더많은 벽들을 쌓기 시작하라. 그러면 오아시스에 있지 않을 때 더욱자유롭게 많은 일을 하고 다른 사람에게 도움이 될 수 있다.

지금 건너고 있는 사막을 한번 생각해 보자. 어떤 종류의 오아시스가 필요한 걸까? 잠이 부족한 것은 아닐까? 매주 마사지를 받아야하는 것은 아닐까? 나침반 바늘을 생각해 봐야 하는 것은 아닐까? 아이들이나 배우자와 또는 오래된 친구와 의미 있는 시간을 갖고 싶은 건 아닐까?

그리고 나서는 오아시스를 침해하는 야만인들의 목록을 작성한다. 친구나 친척, 동료, 아이들, 직장 상사, 고객, 의무, 프로젝트, 해야 할 일, 완벽주의적인 성격 등……

그리고 마지막으로 자기만의 오아시스를 보호할 벽을 세운다. 사막과 오아시스를 구분 짓는 분명한 경계선을 만드는 것이다. 그리고 각오를 해야 한다. 오아시스의 필요성을 믿지 않는 비신도들이 여러분을 시험에 들게 할 것이기 때문이다. 우리는 오아시스를 믿지 않는 이교도들이 판을 치는 세상에 살고 있다. 심지어 우리 자신도 일부는 이교도이다. 스스로가 자기 자신을 해치는 최악의 야만인이 될 수도 있다. '아니오'라고 하지 못하는 것은 비열한 짓이다. 오아시스에 걸어 놓은 빗장을 풀어 주는 것과 같다. 완벽주의를 추구하는 습성에 젖어 있는 내 안에서는, 다음 사막을 건널 때까지 오아시스에서 쉬지 않고 계속 가다 보면 나중에 훨씬 더 멋진 휴식이 기다리고 있을 것이라는 속삭임이 들린다. 그렇다. 유목민 복장을 한 산악인이 가장 위험한 야만인이다.

가르다이아는 알제리의 사하라 사막으로 들어가는 관문이다. 음자브를 뒤로 하고 다시 여행길에 올라선 후에는 우리 쪽으로 오는 차량을 한 대도 발견할 수 없었다. 몇 시간 동안 차를 몰고 가도 다른 차는 보이지 않았다. 우리는 아무 말도 하지 않았다. 가르다이아에서 남쪽으로 한참을 내려가 세계에서 가장 큰 사막으로 한없이 뻗어 있는 일차선 아스팔트 도로 위를 달리고 있을 때 나는 불현듯 내가 장뤽을 혐오하고 있다는 사실을 깨달았다. 그 이유는 정확하게 알 수 없었다. 내가 장뤽을 싫어하게 된 특별한 사건이나 행동은 없었다. 아마 서로 너무 다르거나 아니면 너무 닮아서였으리라.

그 다음 오아시스인 엘 골레아는 차로 하루도 걸리지 않는 거리에 있었다. 그렇지만 나는 이미 세 번째 오아시스인 인 살라를 생각하고 있었다. 인 살라에 말라리아를 옮기는 모기가 창궐하고 있다는 소문이 있었다. 나는 말라리아 예방약을 먹고 있었지만 장뤽은 아니었다. 나는 오직 한 가지밖에 생각할 줄 모르는 이 엔지니어에 대한 혐오감을 억누르며 약을 먹으라고 설득했지만 아무 소용이 없었다. 그는 내 말을 들으려고 하지 않았다.

"말도 안 돼. 사막에서는 모기가 살지 못해."

장뤽은 사막에 대해서뿐만 아니라 말라리아에 대해서도 전문가였다. 장뤽은 적도 아프리카에서 이미 말라리아에 걸렸던 적이 있다며, 사하라 사막을 다 건널 때까지는 약을 먹을 필요가 없다고 우겼다. 하지만 내가 가지고 있던 여행 책자에 따르면 한 번 말라리아에 걸렸던 사람은 더욱 위험하다고 했다.

우리가 엘 골레아에 도착한 것은 오후의 태양이 작열하고 있을 때였다. 기온이 40도도 넘을 것 같았다. 1월인데도 말이다. 여름에는 도대체 얼마나 더 뜨거울지 상상할 수도 없었다. 이 오아시스에는 벽이 없었다. 이곳에서는 무더운 사막의 바람이 그대로 오아시스를 삼켜 버릴 것 같았다. 우리는 그곳의 유일한 주유소에서 자고 있던 종업원을 겨우 깨워 차에 기름을 채울 수 있었다. 장뤽이나 앙드레 모두 기름과 물 이외의 다른 것은 원하지 않았다.

앙드레는 마을 모퉁이에 있는 작은 집을 가리켰다. 회갈색 건물들이 낮은 담장으로 둘러싸여 있었다. 그곳이 프랑스의 가톨릭 전도시설이라고 했다. 큰 낙엽수들 덕분에 반가운 그늘이 져 있었고 뜰은 평화로워 보였다. 나는 그곳에 가서 한번 돌아보고 싶었다. 내게는 생각할 시간, 우리의 상황을 돌아볼 시간이 필요했다. 혼자 있고 싶었다. 우리는 파멸로 향해 가고 있는 것처럼 보였다. 장뤽은 말라리아 약을 먹지 않고 있었고, 나는 그 배짱이 싫었으며, 우리가 모든 오아시스마다 쉬어 가는 것은 아니었기 때문이었다.

"On roule! 갑시다!" 장뤽이 외쳤다.

우리는 차로 기어들어가, 인 살라가 있는 남쪽으로 향했다. 우리 앞에 무엇이 기다리고 있는지도 모른 채.

오아시스에 멈춰야 하는 또 다른 이유는 생각할 시간이 필요하기 때문이다. 오아시스에서는 그 적막과 고요함 덕분에 지금까지 건너온 사막을 뒤돌아볼 여유가 생긴다. 만약 이미 어떤 문제가 발생했다면 그것에 대해 생각해 보고 해결책도 강구해 볼 수 있을 것이다. 또한 앞을 내다보고 지금 올바른 방향으로 나아가고 있는지 살펴볼 수도 있다. 이렇듯 오아시스에 머무는 시간은 큰 그림을 볼 수 있는 기회를 제공한다. 사하라 사막의 오아시스 대부분은 고속도로 교차점이나 대상들이 다니는 길 위에 있다. 오아시스에서 생각을 해본 후 방향을 바꿀 수 있다.

우리는 대부분 위기가 닥치거나 비극적인 일이 발생했을 때 또는 중요한 생일에만 우리가 그때까지 따라온 내면의 나침반을 바라보고 인생의 방향을 다시 살펴본다. 때로는 이렇게 자연스러운 기회조차 활용하지 못할 때도 있다. 내가 스물아홉 살이 되었을 때 나보다 나이가 많은 친구가 나에게 "자네 벌써 내년이면 삼십 줄에 접어드네. 준비는 되었나?"라고 물었다. 나는 그때까지 한 번도 삼십 대에 대해서는 생각해 본 적이 없었다. 하지만 생각을 하면 할수록 그 무게는 더욱 버겁게 느껴졌다. 나는 그때부터 사람들에게 내 나이가 서른이라고 말하기 시작했다. 스물아홉 살 때부터 1년간 연습을 해두면 점점 나이가 들어가는 것에 대한 충격과 비극에 잘 대비할 수 있을 것 같았다. 사람들이 서른 살이 된 느낌이 어떠냐고 물으면 나는 "스물아홉 살 때와 같다"라고 대답하곤 했다. 그리고 드디어 서른 살이 되고야 말았을 때 그 느낌은 산들바람이 부는 것처럼 아무렇지도 않았다. 손바닥에 땀이 나지도 않았고 거울을 보며 나이가 들어가는 흔적을 찾아보지도 않았으며 성찰도 하지 않았다.

이 방법이 정말 효과가 있다고 느껴지자 나는 서른아홉 살이 되었을 때도 똑같은 방법을 써보았다. 하지만 나이에 대해 2주 동안 거짓말을 하며 돌아다닌 후 나는 정말 내가 완벽한 바보, 얼간이처럼 느꺼졌다. 나는 꼭 10년 전에 내가 그렇게도 회피했던 일을 하고자 하는 열망을 느꼈다. 내 인생을 돌아보고 나이 듦에 대해 생각해 보는 것이다. 그때 나는 사십 줄에 들어서고 있었고 대륙을 횡단해 이사도 했으며, 아내와 함께 꿈에 그리던 집을 짓고 있었지만, 결혼 생활은 산산조각 나고 있었고 내 사업은 곤두박질치고 있었다. 나는 정말 내 인생을 되돌아보고, 현 상황을 파악하고, 내가 가고 있는 방향을 분석하여 무엇인가 변화를 꾀하고 싶었다.

메마른 곳에 물을 준다

어떤 오아시스가 필요한지 파악하는 한 방법은 메마른 곳에 물을 주는 것이다. 현재 처해 있는 사막이 혼란 그 자체라면 조용하고 평화로운 곳을 찾아 명상을 하거나 요가 수업을 듣는 것이 좋은 방법이다. 하루 종일 어린아이들과 씨름하느라 힘들다면 말이 통하는 사람과 대화를 할 시간이 필요하다. 거의 하루 종일 혼자서 보내는 사람이라면 밖에 나가서 사회적 교류를 하는 것이 오아시스이다. 하루 종일 컴퓨터 스크린을 쳐다보고 있는 것은 디지털 사막이다. 이럴 때는 화단의 비옥한 토양에 손을 담그고 꽃의 화려함에 취해 보는 것이 바로 오아시스가 될 수 있다.

사막의 종류가 다르면 그에 필요한 오아시스도 다르다. 내 나이

서른아홉 살 때, 내 인생이 산산조각 나려 하고 있을 때 내게는 사색이라는 오아시스가 필요했다. 내 안의 사색의 세계는 바싹 메말라 있었다. 내 친구 팸은 남편이 심장마비로 갑자기 세상을 떠나는 바람에 마흔다섯의 나이에 네 명의 아이를 키우는 과부가 되고 말았다. 팸에게는 매주 받는 마사지가 상실감과 외로움의 사막에서 육체적인 접촉의 오아시스, 생명의 물줄기가 되었다.

사막 전체를 한꺼번에 기름진 정원으로 바꾸기 위해 노력할 필요는 없다. 남편이 세상을 떠난 지 얼마 되지 않았다면 슬픔과 외로움이 사막의 일부가 될 것이다. 하지만 마사지건 절친한 친구와의 짧은 대화건 잠깐의 휴식을 취하면 그것이 작은 물줄기가 되어 먼지 날리는 사막을 적셔 준다.

언젠가 한 장의사가 주말에는 광대로 일하는 이야기를 읽은 적이 있다. 사막이 너무 심각하다면 웃음이라고 하는 오아시스가 필요하다. 보기 흉한 가죽 옷에 할리 데이비드슨을 타고 달리는 오토바이족들 중에는 회계사, 보험 계리사, 고등학교 교감 같은 사람들이 많다. 하루 종일 규칙을 따르거나 집행하는 일을 하는 사람들에게 필요한 오아시스는 바로 반항의 오아시스인 것이다.

우리는 대부분 하루 종일 다른 사람들에게 친절해야 한다. 그게 바로 고객 서비스란 거니까. 마른 곳에 물을 주려면 차분해질 수 있는 곳에서 오아시스를 찾아야 한다. 이는 배구 공을 사정없이 내려치거나 스쿼시 경기에서 상대방의 코를 납작하게 만드는 것일 수도 있다. 또는 비디오 게임을 하면서 고대 문명을 파괴하는 것과 같이 단순한 것일 수도 있다. 사막은 물이 부족한 곳으로 정의된다. 메마른 곳, 지금 당신의 인생에서 부족한 것은 무엇인가? 이 질문을 지침 삼아 답을 찾다 보면 자기에게 필요한 오아시스가 어떤 것인지를 알 수 있을 것이다.

탤리스가 인 살라의 모퉁이를 돌아서 우리가 캠프를 친 장소로 터벅터벅 걸어오고 있는 것이 보였다. 어깨에는 카메라 가방을 메고 있었다. 탤리스는 오아시스를 침식하고 있는 거대한 모래 언덕을 찍고 돌아오는 길이었다.

"괜찮은 사진 많이 찍었어?" 하고 내가 물었다.

"응. 석양이 정말 완벽한 각도였어. 장룍은 어때?"

"별로야. 앙드레 말이 열이 점점 더 오르고 있대. 거의 40도나 된다고 하던데. 그게 화씨로 얼마나 되는 건지 잘 모르겠어."

"한 102도나 103도쯤 될 거야. 심각한데." 탤리스가 어두운 표정으로 말했다.

인 살라에 도착한 이래 잘 돌아가는 게 하나도 없었다. 인 살라는 악취 나는 늪지 교차로로 모기떼가 창궐하고 있었다. 밤의 고요 속에 치명적인 병원균을 옮기는 모기들이 윙윙거렸다. 장룍은 열에 들떠 헛소리를 하고 있었는데, 말라리아가 재발한 것 같았다.

"내 말을 들었으면 좋았지. 자기 혼자 세상일은 다 아는 척 그렇게 고집을 부리더니. 저 꼴 좀 보라구." 내가 투덜거렸다.

탤리스는 고개를 끄덕였지만 아무 말도 하지 않았다. 나는 일어서서 모래 언덕 쪽으로 걸어가 우리가 처한 상황을 생각해 보았다. 나는 내가 파리를 출발한 지 얼마 되지 않아 장뤽을 전형적인 거만한 프랑스인으로 낙인찍어 버리고 그와 가까워지기 위해 아무런 노력도 하지 않았음을 깨달았다. 내가 그와 개인적으로 가까워져서 서로 뭔가 통하는 구석이 있었다면 그가 내 말을 들었을지도 몰랐다. 나는 앙드레에 대해 생각하기 시작했다. 앙드레는 냉담하고 가까이하기 어려운 사람으로 보여, 그에게 말을 걸기가 어려웠다.

캠프로 돌아왔을 때 탤리스는 불을 지피고 있었다. 산들바람이 불어와 불꽃이 이는 것을 도와 주었다. 이제 불을 지폈으니 모기떼의 공격은 훨씬 줄어들 터였다. 우리의 운이 다한 건지도 모른다는 생각이 들었다. 앙드레가 야자수 오두막에서 나왔다. 그 오두막은 우리가 장뤽을 위해 빌린 것이었다. 앙드레는 웃고 있었다.

"Sa fievrè est tombée. 열이 내렸어."

장뤽의 열이 떨어지다니 다행이었다. 그날 저녁 식사는 그 어느 때보다 활기찼다. 우리는 총알을 피한 기분이었다. 적당한 때가 되면 장뤽과 친해지고 싶었다. 하지만 또 다른 프랑스 아저씨는 어떻게 하지? 나는 아버지보다도 더 나이가 많은 이 프랑스인과 어떻게 하면 친해질 수 있을지 도무지 감이 잡히지 않았다. 나는 그에게 그가 내 나이 정도였을 때 어떤 모습이었는지 물어 보았다.

"Que faisiez-vous à mon âge? 내 나이 때는 뭘 하셨어요?"

그는 멈칫하며 우리를 쳐다보았다. 무언가를 생각하는 모습이었다. 그의 얼굴과 뒤로 빗어 넘긴 머리가 불빛에 반짝였다. 그러고 나서 한 시간 동안 그는 제2차 세계대전 중에 프랑스 저항군으로 노르망디에서 보냈던 이십 대 초반의 청춘 시절에 대해 이야기했다. 그의 부모는 그가 저항군으로 싸운 사실을 몰랐다고 한다. 부모님을 보호하기 위해 일부러 비밀로 했기 때문이다. 사람들이 자는 동안 그는 독일 군수품 임시 저장소를 폭파하고, 추격당한 연합군 조종사를 수색하고, 영국군 첩보 내용을 무선 청취했다. 다른 사람들은 매일 아침 늦잠을 자는 그를 게으름뱅이로 생각했다고 한다.

"책 표지만 보고 책을 판단해서는 안 되지? 그렇지?" 탤리스가 웃으며 내게 말했다.

탤리스의 말이 맞았다. 나는 앙드레가 바지나 다리던 노르망디 출신의 별 볼일 없는 남자일 거라고 생각하고 있었다. 나는 우리가 친해질 수 있게 되어 기뻤고 장뤽이 회복되어 마음이 놓였다. 잠자리에 들 시간이 되자 앙드레는 삽으로 모래를 떠서 잦아들어가는 불길을 꺼트리고는 우리의 간이 침대 밑에 골고루 펴서 우리가 등이 따뜻하게 잠들 수 있게 해주었다. 불에 달구어진 석탄 덩어리가 사막의 밤 냉기를 쫓아 버리는 동안 나는 침낭 속으로 들어가 자리를 잡았다.

"Bonne nuit, mes amis. 친구들, 잘 자게." 앙드레는 이렇게 말하

자신의 사막을 건너는 일에 몰두하는 여행자들은 오아시스에 이르러 비로소 타인과의 교감을 되찾을 수 있다.

고 자기 트럭으로 들어갔다.

앙드레가 우리를 친구라고 부른 것은 그때가 처음이었다. 세상이 이렇게 달라질 수도 있는 일이었다. 나는 꿈도 꾸지 못했던 그런 오아시스를 보았다.

오아시스에서 멈춰야 하는 세 번째 이유는 다른 여행자들과 교류하기 위해서이다. 광활한 사막을 달리다 보면 수없이 널려 있는 위험에 주의를 기울이기 마련이다. 쭉 뻗어 있는 포장도로 위를 달릴 때에도 진정한 대화를 나누기가 힘들다. 사막이라는 지역의 고요와 광활함 때문에 거의 혼수 상태에 빠지기 때문이다. 바로 옆 사람과 몇 센티미터밖에 떨어져 있지 않아도 사하라 사막여행은 외로운 여행이다. 동료 여행가들과 진정한 의미의 교류를 할 수 있는 곳은 벽으로 둘러싸인 오아시스뿐이다. 이러한 교류는 여행을 좀더 재미있고 윤택하게 만들어 줄 뿐 아니라, 그 관계의 질에 따라 삶과 죽음이 결정될 수도 있다.

〈어바웃 슈미트About Schmidt〉라는 영화에서, 퇴직한 지 얼마 안되는 잭 니콜슨이 자기 옆에 코를 골며 자고 있는 마흔두 살의 아내를 보며, "내 옆에서 자고 있는 이 여자가 도대체 누구지?"하고 의아해 하는 장면이 있다. 그 두 사람은 이방인이 되어 버린 것이다. 인생이나 직업 또는 가족의 사막이 길어지면 일종의 혼수 상태에 빠져 버려 가장 소중한 이들도 가까이하지 않게 된다.

변화의 사막을 건너기 위해 노력하는 것 자체에 너무 많은 시간과 에너지를 소모한 나머지 우리는 점차 배우자나 사랑하는 연인 또는 동료나 아이들로부터 거리를 두기 시작한다. 직장을 잃거나, 이혼을 하거나, 중년의 위기를 맞거나, 금전적인 걱정거리가 있을 때 또는 퇴직 후의 급격한 변화에 적응하려 할 때, 다른 사람들과의 관계가 소원해지고 자기의 사막을 건너는 일에만 몰두하게 된다.

다시 한번 말하지만 정상을 향한 열병 때문에 다른 사람과의 관계를 지속하는 데 필요한 오아시스를 그냥 지나쳐 버리고 마는 것이다. 이 일을 마치고 나면, 프로젝트를 끝내고 나면, 해야 할 일을 다 하고 나면 시간이 날 거라고 생각하면서 말이다. 하지만 사막은 한 없이 계속된다. 사막을 다 건너 저편에 다다를 때쯤이면 무시하고 지나온 관계들의 흔적을 볼 수 있다. 사막에 있다면 그 무엇보다도 오아시스에 우선 순위를 두어야 한다. 그리고 오아시스에서 해야 할 일은 다른 사람과 만나는 것이다.

미슐랭 사에서 만든 사하라 지도에는 가르다이아, 타만라세트, 통북투 같은 주요한 오아시스 마을이 다 표시되어 있다. 지도에는 외딴 곳에 있는 작은 우물들도 표시되어 있는데, 그 우물들은 땅 속에 뚫린 구멍으로 로프에 바가지 하나가 달랑 달려 있는 게 전부다. 지도에 분명하게 표시되어 있는 오아시스를 보고 미리 준비를 하는 것도 좋을 것이다.

내 아들이 열한 살이 되었을 때 하루는 학교에서 '건강한 성에 대한 학습'이라는 교과 과정에 대한 공고문을 가지고 왔다. 학교에서 교육을 하기 전에 부모와 아이가 인생의 한 부분에 대해 함께 토론을 해보라는 내용이었다. 좀 불편하고 어색할 수도 있는 이러한 순간을 잘 활용해서 아들과 더 친해진 어느 아버지의 이야기를 읽었다. 이것이 절호의 기회였다. 그 오아시스는 이미 지도에 나와 있었다. 내가 읽었던 기사 속의 아버지가 그것을 찾아냈듯이 나도 찾아낼 수 있을 터였다. 우리는 도서관에서 책을 한 권 빌려 왔다.

토요일 오후 우리 부자는 함께 앉아서 그 특별한 오아시스를 찾아나섰다. 제1장에는 내가 이미 알고 있는 성에 대한 모든 내용과 그 이상의 것이 약간 들어 있었다. 하지만 그 뒤로 장장 17장이나 더 있었다. 책을 다 읽고 나자 우리 둘은 말을 잊었다. 아무런 대화도 없이 단지 침묵만이 흘렀다. 우리는 공원에 가서 산책을 했다. 드디어 아들이 발길을 멈추고 나를 쳐다보며 이렇게 말했다. "아빠, 러브 (love)가 뭐예요?"

나는 속으로 생각했다. "맞아. 바로 이거야. 세상에 이렇게 멋진 질문을 하다니. 이제 우리는 오아시스, 지도 위에 있는 그 작은 점을 발견한 거야. 이제 우리는 서로 통하게 될 거야." 우리 인간이 경험하는 사랑이라는 그 깊고도 신비스러운 경험에 대해 적절한 정의를 내리기 위해 마음속으로 고심하고 있는 동안, 아이는 막 지나쳐 온 테니스 코트를 바라보며 이렇게 말했다. "그거 있잖아요. 테니스에서 '러브-30'이라고 하는 게 무슨 뜻이에요?"

아무리 계획을 잘 세우고 목적이 좋을지라도 오아시스를 놓칠 때가 있다. 그렇게 부지런한 프랑스의 지도 제작자들도 사하라에 있는 우물이나 샘을 모두 다 찾지는 못했다. 실제로 보았는데도 지도에는 표시되어 있지 않은 샘이나 우물들이 있었다. 때로 우리가 목적했던 것을 놓칠 때도 있지만 의도하지 않았던 오아시스와 마주칠 때도 있는 법이다. 유목민들과 우연히 마주치면 이렇게 작은 보석을 안내해 주기도 한다. 얼음처럼 차갑고 상쾌한 물을 담고 있는 숨겨진 우물을 말이다.

숨겨진 오아시스 찾기

사막에 숨어 있는 비밀의 오아시스처럼 인생에서 가장 달콤한 오아시스는 표시가 되어 있지 않고, 기대하지 않은 순간에 발견된다. 우연히 오아시스를 마주쳤을 때 중요한 것은 그것이 오아시스라는 것을 알아보는 것이다. 인생의 사막에서 오아시스를 계획하고 일정을 짜는 것도 중요하지만 이렇게 우연히 찾아오는 원기 회복, 사색 혹은 교감의 기회를 놓쳐서도 안 될 것이다.

아들은 열세 살이 되어서도 여전히 내 손을 잡곤 했다. 아마 아이는 자기가 아빠의 손을 잡고 있다는 것조차 의식하지 못했을 것이다. 차를 주차하고 식품점까지 걸어가는 동안 아들은 아주 어렸을 때와 마찬가지로 내 손을 잡았다. 나는 이에 대해서 한 번도 언급한 적이 없다. "아들아. 이렇게 항상 손도 잡고 우리 정말 서로 잘 통하는 사이 아니냐? 이게 바로 지도에 표시되어 있지 않은 오아시스와 같은 거란다"라고 말하는 순간 그것이 마지막이 되리라는 것을 잘 알고 있었기 때문이다. 나는 다음에 아이가 또 손을 잡아 줄지, 또 잡아 준다면 그게 언제가 될지 잘 모르는 채 단지 아들이 내 손을 잡는 것을 나 혼자 의식하고 그 기분을 즐겼다.

불치병이라는 사막과 마주치게 되면 우리가 사랑하는 사람들과 터놓고 진짜 사랑을 할 수 있는 기회가 생긴다. 그런데 이러한 교류의 오아시스는 종종 지도에 표시되어 있지 않다. 언제 그런 일이 생길지 모르는 것이다. 눈앞에 죽음이 닥쳐오면 어떤 사람은 그것을 부정하고, 어떤 사람은 유언 같은 실제적인 문제를 처리하고 건강 관리를 한다. 그 교류가 언제 일어날지 아무도 모르지만 그 순간에 대비해 두어야 한다. 그런 기회를 놓치는 것만큼 아쉬운 일도 없을 테니 말이다.

지도에 표시되어 있지 않은 오아시스는 그런 교류 외에도 여러 가지 형태로 다가온다. 신문에 난 기사 한 편이 나를 사색의 세계로 이끌어 갈 수도 있고 비행기가 20분 연착되어 공항에서 20분 동안 마사지를 즐기는 호사를 누릴 수도 있다.

우리는 지금 건너고 있는 사막에 눈이 어두워져 표시되어 있지 않은 오아시스를 보지 못하고 그냥 지나칠 수도 있다. 슬픔의 사막에서 누가 웃음을 찾겠는가? 하지만 이렇게 아주 상반된 두 가지 상태는 종종 서로 가깝게 붙어 다닌다. 새로운 직장에 들어가면 처음 1, 2년 동안은 대개 휴가를 반납해야 한다. 하지만 25회 고교 동창회 초대장이 날아오면 고향으로 돌아가서 하루 이틀쯤은 일에 대해 잊고 지낼 때가 된 것이다.

산을 오르는 사람들과 같은 사고 방식을 가지면 표시되지 않은 오아시스에 대해 오해를 할 수도 있다. 지도에 나와 있지 않은 오아시스를 정상으로 가는 도중에 마주치는 방해물이나 훼방꾼 또는 장애물로 간주해 버리는 것이다. 그래서 그것을 그냥 무시하거나 제거해 버린다. 이제 유목민처럼 생각하고, 방해물이 사실은 지도에 표시되어 있지 않은 오아시스는 아닌지 한번 자문해 보라.

우리가 산악인과 같은 마음가짐에서 사막의 은유 쪽으로 사고 방식을 바꾸었다고 할지라도 우리의 인생은 우리가 건너고 있는 바로 그 사막에 지배당할 수도 있다. 그렇게 되면 사막 외에는 아무것도 볼 수 없게 된다. 오아시스는 우리가 사막에서 쉴 수 있는 장소가 되어 준다. 사막에서 휴식을 취하면 사막 자체가 더 큰 의미로 다가올 수 있다.

휴식을 취하는 오아시스건, 사색을 하는 오아시스건, 또는 다른 사람과 교류하는 오아시스건 모든 오아시스는 매순간에 충실하게 사는 연습을 할 수 있는 공간이다. 인생에 있어서 가장 중요하고, 의미 깊고, 즐거운 순간은 종종 이 오아시스에서 일어난다. 본질적으로 이러한 경험은 우리를 아주 완전하게 빨아들여서 우리는 먼 앞의 목적이나 목적지에 대해 생각하지 않게 된다. 오아시스는 온전히 현재에 사는 연습을 할 수 있게 해준다. 우리는 한걸음씩 앞으로 나아가면서 사막에서도 현재에 충실한 삶을 사는 연습을 하게 된다.

지나친 자의식 때문에 춤추기를 두려워하는 사람이 얼마나 많은가?
누구도 어리숙해 보이는 것을 좋아하지 않는다.
그림 그리기, 시 쓰기, 외국어 배우기, 노래 부르기……
자아에서 용기를 조금만 빼면 수많은 즐거움이 기다리고 있다.

3

모래에 갇히면
타이어에서 바람을 빼라

인 살라에서 남쪽으로 새로 깔린 포장도로 위를 달리면서 나는 죽음의 문턱까지 다녀온 장뤽이 조금은 달라졌을지 궁금했다. 내심 그가 조금은 겸손해졌으면 하고 바랐던 것이다. 결국 내가 옳았음이 증명되지 않았던가. 약을 먹었으면 그런 일이 없었을 것을.

장뤽은 고속도로 위를 가로막고 있는 중장비를 보고 기어를 낮추었다. 트럭과 불도저 주위에 있던 한 알제리 병사가 우리를 향해 손을 흔들었다. 장뤽은 알제리 엔지니어들을 욕했다. 건설한 지 6개월도 채 되지 않은 길을 보수 작업하고 있었으니 말이다. 그러다 갑자기 그는 주먹으로 계기판을 치며 "Merde! 제기랄!"라고 외쳤다.

나는 앞을 바라보고는 그가 왜 그렇게 외쳤는지 알 수 있었다. "제기랄."

  너무 황당해서 이렇게 욕을 한 것이 아마 우리 두 사람이 처음으로 무엇인가에 뜻을 같이한 순간이었을 것이다. 그 사람들은 보수 작업 중이 아니라 도로를 닦고 있는 중이었다. 고속도로는 거기에서 끝이었다. 예상했던 것보다 훨씬 일찍 고속도로는 끝이 나 있었다.

  우리는 급작스럽게 찾아온 le désert absolu(절대 사막)를 아무 말 없이 바라보았다. 십자 모양의 바퀴 자국들이 길에서부터 사하라 사막의 모래와 바위들을 향해 어지럽게 이어져 있었다. 앙드레와 텔리스가 탄 차가 우리 뒤에 섰다. 장뤽이 이제 포장도로를 벗어난 여정에 대한 계획을 세우기 위해 시트로앵 차로 걸어가는 동안 뒤에서 비슷한 욕설이 터지는 것이 들렸다.

  푸조가 선두에 섰다. 장뤽은 고대의 호수 바닥이었을 평원을 향해 동쪽으로 차를 몰았다. 우리가 그 오염되지 않은 원시의 호수 바닥에 도착했을 때 타이어에서 노란 먼지 같은 구름이 일었고 장뤽이 다시 한번 소리를 질렀다.

  "Merde! C'est le feche-feche. 제기랄! 이건 프슈프슈야."

  나는 프슈프슈에 대해 익히 들어 알고 있었다. 프슈프슈는 아주 부드러운 가루 모래로 사막의 운전자에게는 악몽과 같은 존재였다. 장뤽이 포뮬러 원(자동차 경주) 출전 선수처럼 차의 기어를 바꾸고 클러치와 가속 페달에 펌프질을 하는 동안 차는 점점 모래 늪으로 빠져들었다. 차는 앞으로 나가지 못했고, 결국엔 멈춰 버렸다. 우리는 오도가도 못하는 신세가 되어 버렸다.

　　포장도로가 끝나면 거기서부터 진짜 사막이 시작된
다. 포장도로가 끝날 때까지는 길을 잃을 수도 없고, 어딘가에 갇힐
수도 없다. 길이 끝나는 순간부터 사하라 사막과 인생의 사막이 정
말 험난해진다. 우리는 자기가 건너고 있는 사막의 존재를 망각한
채 일차선 고속도로 위를 고속 질주한다. 그러다가 인생이 갑자기
멈추어 서면 그때부터 여행에, 특히 앞으로 나갈 수 없게 된 상황에
집중하기 시작한다. 우리가 변화의 사막에서 막히게 되는 이유는 탄
탄한 땅에서 운전할 때 필요한 기술이 부드러운 변화의 모래 위에서
는 아무짝에도 쓸모없기 때문이다.

　때로 우리의 고속도로는 눈 깜짝할 사이에, 심장이 한 번 뛰는 순
간에, 전화 한 통에, 또는 이메일 한 통에 사라진다. 배우자가 서른
아홉에 심장마비로 사망했을 때, 아무런 예고도 없이 해고되었을
때, 일을 끝내고 돌아와 보니 집은 텅 비어 있고 냉장고 위에 메모
한 장만 덜렁 남아 있을 때 우리는 고속도로의 끝을 본다.

　친한 친구 하나가 마흔다섯 살이 된 생일이 지나고 얼마 지나지
않아 내게 전화를 해서 암 진단을 받았다고 말했다. 포장도로 위를
달려왔던 우리의 관계, 그의 직장 그리고 일상 생활이 갑자기 모두
멈추어 버렸다. 스티브 T.는 곧 자기 안에 갇혀 버리고 말았다. 보통
의 암 환자와 마찬가지로 스티브도 다른 사람들에게 도움 청하기를

앙드레, 장뤽, 그리고 프슈프슈에 갇힌 푸조. 인생의 사막에서는 어느 순간 미래를 향해 쭉 뻗은 일차선 고속도로가 끊기고 변화의 모래에 휩싸이는 순간이 있다.

꺼렸다.

대부분의 경우, 그 과정은 점진적으로 진행된다. 모래가 직업이나 결혼의 고속도로를 덮기 시작한다. 예측 가능함의 포장도로는 중년에 갈라지기 시작하고, 우리는 그때까지 여행하고 있던 다 무너진 길을 돌아서 모래 언덕으로 우회할 수밖에 없다. 도로가 갑작스럽게 끝나 버리건 또는 점진적으로 갈라지건 결과는 똑같다. 결국 우리는 변화의 모래에 갇히게 되는 것이다.

갇히는 것은 변화할 수 있는 좋은 기회이자 인생의 깊은 부분으로 들어가 볼 수 있는 소중한 기회이기도 하다. 한 번도 갇혀 본 경험이 없다면 자기가 어디에 있는지도 깨닫지 못한다. 갇히게 되면 여러 가지 좋은 일이 일어날 수 있다. 하지만 어딘가에서 막히게 되었을 때 그 사실을 잘 인지할 수 있어야 한다.

정체 상태에 빠졌을 때 이를 안다

인간 관계나 직업, 또는 취미에 대한 열정이 식어 버리면 판에 박힌 김빠진 생활을 할 수도 있다. 현 상황을 잘 알지만 그것을 바꿀 수 없다고 느낀다면, 자신의 생활을 규정하는 틀이 아주 견고한 것이다. 이렇게 판에 박힌 생활을 하다 보면 맥이 빠지고 지루하며 매사가 재미없어진다. 꼼짝달싹할 수 없는 정체 상황은 갈등 상황과 느낌이 비슷하다. 사람들 또는 집단에서 자기 구역을 정해 놓고는 꼼짝도 하지 않는다. 자기 안에서조차 정체 상태에 빠질 수 있다. 무엇인가 새로운 것을 해보거나 위험을 감수하면서까지 뭔가를 시도해 보고 싶지만 두려움이나 실리적인 생각 때문에 행동으로 옮기지 못하는 것이다. 정체 상태에 빠지면 좌절감을 느끼거나 화가 난다.

함정에 빠진 느낌은 바위와 딱딱한 곳 사이에 끼인 것과 같다. 무력함과 좌절감을 느끼며 대안이 전혀 보이지 않는다. 스티브는 암 치료를 받기 시작했을 때 벅찬 치료와 그리고 다른 사람들에게 도움을 요청하기 어려운 마음 사이에 갇힌 느낌이었다.

방향 감각이 있으면 오도가도 못하게 된 상황을 파악하는 데 도움이 된다. 나침반의 바늘이 분명하면 할수록, 그 방향으로 가지 않을 때가 더욱 확실하게 드러나기 때문이다. 직업을 나타내는 나침반 바늘이 '재미있는 일을 하면서 살고 싶다' 라는 방향을 가리킨다고 해보자. 이렇게 방향이 분명하다면 판에 박힌 생활을 할 때 그것이 쉽게 드러나게 마련이다. 하는 일이 조금이라도 지겹게 느껴지면 머릿속에서 경고 신호가 울리는 것이다.

나침반 바늘이 '좀더 열린 마음으로 터놓고 서로 받아들이는' 관계를 가리키고 있다면, 정체 상태에 빠졌을 때 곧 신호가 울릴 것이다. 정체 상태에 빠진 지 얼마되지 않아, 갈등 상황에 빠져 있음을 곧 깨닫게 될 것이다.

분명한 방향 감각을 가지고 있다면 나침반을 살펴보라. 인생을 볼 수 있도록 눈높이를 낮춘다. 바로 발 아래에 있는 모래를 바라본다. 나침반이 가리키는 방향대로 가고 있는가? 아니면 정체 상태에 빠져 있는가? 만약 내 안에서 나침반 바늘을 찾을 수 없다면, 좋은 소식이 하나 있다. 정체 상태에 빠졌을 때 좋은 점 하나는 자기에게 정말 중요한 것이 무엇인지를 분명하게 볼 수 있게 된다는 것이다. 그 덕분에 방향을 찾을 수 있게 되는 것이다.

정체 상태에 빠져 있음을 알 수 있는 실마리는 예전에는 효과가 있던 것이 더 이상 먹히지 않을 때이다. 전에는 원했던 결과를 그대로 보여 주었던 습관, 태도, 행동, 신념 등이 더 이상 소용없어진다. 직장에서 옛날에는 통했던 매력이 이제는 더 이상 통하지 않는 순간이 온다. 십 대 딸아이한테 어렸을 때나 통했던 그런 위협을 가해도 아이는 이제 더 이상 꿈쩍도 하지 않는다. 쇼핑을 해도, 술을 한잔 마시고, 피자를 먹고, 섹스를 해도 우울한 기분이 나아지질 않는다. 성공 전략을 썼는데도 소용이 없을 때 우리는 그냥 오늘 하루 운이 참 나쁘다고 생각한다. 하지만 그것은 우리가 포장도로를 다 지나 변화의 프슈프슈에 빠져 버렸다는 것을 의미한다.

앙드레와 탤리스는 모래에 처박힌 우리 차에서 이는 먼지 구름을 피해 오른쪽에 나 있는 언덕에 차를 세운 뒤 우리 쪽으로 걸어왔다. 장뤽은 벌써 차의 밑부분에서 모래를 치우고 있었다. 아침 중반의 태양은 찌는 듯이 뜨거웠고 어느새 티셔츠는 땀에 흠뻑 젖어 있었다.

나는 누구의 지시도 기다리지 않고 내 마음대로 차 밖으로 나왔다. 탤리스는 이미 차 뒤에 와 있었다. 장뤽이 다시 차에 올라타자 앙드레도 합세했다.

"Un, deux, trois! 하나, 둘, 셋!" 장뤽은 하나, 둘, 셋을 세고 엔진에 가속을 붙였다. 우리는 차에 기대어 젖먹던 힘까지 다해서 밀었다. 장뤽이 가속 장치를 바닥쪽으로 밀어붙이자 뒷바퀴는 차 뒤쪽으로 가루 같은 모래를 내뱉었다. 하지만 푸조는 꿈쩍도 하지 않았다.

앙드레는 장뤽에게 타이어에서 바람을 좀 빼라고 했다. 공기를 빼면 타이어가 평평해져서 바퀴 표면이 넓어지기 때문이다. 차 바퀴가 팽팽한 상황에서는 차를 밀어붙여 봤자 소용이 없었다. 오히려 장뤽이 가속 페달을 열심히 밟아댄 덕분에 뒷바퀴가 모래 구덩이에 더 깊이 박혔을 뿐이다. 우리 세 명은 모두 차 바퀴에서 뿜어져 나온 고운 모래 가루를 뒤집어썼다. 탤리스와 나는 차에서 조금 떨어져 모래 위에 앉았다.

"왜 앙드레 말을 안 듣는 거지? 앙드레는 엔지니어잖아. 타이어 공기를 빼는 것 정도의 물리학은 알아들어야지." 나는 큰 소리로 불만을 토로했다.

"너무 몰아세우지 마." 탤리스가 주의를 주었다. "장뤽은 자기 나름대로 옳다고 생각하는 대로 하고 있는 거야. 그때도 말라리아 약을 먹으라고 밀어붙이면 붙일수록 네 말을 더 무시했잖아."

"그래. 그래서 죽음의 문턱까지 갔다 왔잖아. 이제는 다른 사람 말도 좀 들을 때가 된 거 아냐?"

장뤽은 잭을 이용해서 뒷바퀴를 올리기 시작했다. 앙드레도 우리 쪽으로 건너왔다. 이제 이 프랑스 젊은이가 스스로 알아서 모래에서 헤쳐 나오길 기다리며 한걸음 물러선 것이다. 차 뒷부분이 올라가자 장뤽은 타이어 밑에 있는 모래를 꾹꾹 눌러 다져 놓고 잭을 빼냈다. 그러자 차의 밑부분이 더 이상 가루 같은 호수 바닥을 긁지 않게 되었다.

"Allez-y, nous allons pousser encore une fois. 이제 같이 한 번 더 차를 밀어 봅시다."

이제 다시 차를 밀 시간이 되었다. 앙드레는 머리를 가로저으며 천천히 일어섰다. 탤리스와 나는 차로 다가가 먼지를 뒤집어쓴 세단에 어깨를 들이밀었다. 장뤽이 기어를 밟았고, 우리는 차를 밀었다. 그러자 차가 비틀거리며 조금 앞으로 움직였다. 푸조가 엄청난 먼지를 뿌리며 앞으로 조금 움직이자 장뤽은 승리의 기분에 취해서 주먹을 흔들어 댔다. 차는 한 20미터쯤 앞으로 가다가 다시 꼼짝도 하지 않았다. 한 번 더 가속 페달을 밟자 푸조는 바퀴 윗부분까지 모래에 처박혀 버렸다. 이전보다 더 끔찍한 상황으로 차는 더욱 꼼짝달싹 못하게 되어 버린 것이다.

몇 년 전 브리티시 컬럼비아 내륙 지방의 브레넌 산

을 타는 동안 정상에서 800~900미터 정도 떨어진 곳에서 숨을 고르고 있었다. 그때 같이 산을 타고 있던 친구에게 어느 정도 높이에서 산소 부족 현상을 느끼는지 물었다. 그는 이렇게 대답했다. "한 2,300미터쯤에서." 나는 지금 우리가 얼마나 높이 올라왔는지 물었다. 그는 지형도를 보더니, 한 2,300미터쯤이라고 대답했다. 나는 숨을 몰아 쉬며 계속 위로 올라갔고, 결국 우리는 더 이상 올라갈 곳이 없는 지점에 다다랐다. 내가 등산을 좋아하는 이유는 내 극한을 밀어붙이며 산을 탄 후 마침내는 정상의 조용하고 광활한 세상에 도달하는 순간을 즐길 수 있기 때문이다. 극한까지 밀어붙이면 높은 정상까지 다다를 수 있다.

사하라 사막에서 차가 꼼짝달싹 못하게 되었을 때 때로는 약간만 밀면 움직일 때도 있다. 하지만 아무리 밀어도 소용없을 때가 있다. 밀어붙이면 오히려 상황이 더 나빠질 수도 있다. 가속 페달을 밟다 보면 바퀴는 점점 더 모래 깊숙이 처박혀 버린다. 살면서 뭔가를 밀어 붙일 때는 과거에 먹혔던 방법을 써보는 경우가 많다. 우리는 의지를 발휘하고 조금 더 노력하면서 우리 자신이나 다른 사람들까지 더 밀어붙이도록 강요한다.

우리는 본능적으로 문제를 해결하는 쪽으로 나아가게 되어 있고, 그런 방식으로 사막을 건넌다. 우리는 우리를 여기까지 데려다 준 차를 밀고 계속 앞으로 나가려 할 것이다. 어려운 상황에 빠지면 빠져 나오는 방법을 알아내기 위해 노력할 것이다. 예전에 다른 사람을 좌지우지해서 또는 상황을 바꿔서 성공을 거둔 적이 있다면, 또 그렇게 하려고 할 것이다. 기업 합병이나 조직 개편이라고 하는 혼란 상황에서 우리는 불확실한 측면을 줄이고 명확히 하기 위해 더 많은 노력을 기울이고 모든 비상 상황에 대비해서 계획을 세운다.

예전에 이런 만화 글귀를 본 적이 있다. "머리를 벽에 세게 부딪칠 때는 항상 무릎을 구부려라." 꼼짝달싹 못하게 된 상황에서 밀어붙이는 것은 벽에 대고 머리를 찧는 것과 같다. 그렇게 해봐야 아무 소용이 없으며 상황만 더욱 나빠질 뿐이다. 벽에 머리를 부딪치면서 무릎을 구부리는 것과 같은 작은 행동 하나로 허리를 다치는 일을 막을 수 있다. 밀어붙이기를 멈추지 않는 한 새로운 변화는 오지 않는다.

밀어붙이지 않기

더 이상 밀어붙이지 않는다는 것은 자신의 계획이 더 이상 소용이 없음을 인정하는 것과 같다. 자기가 모든 해결책을 가지고 있는 것은 아니라는 사실을 인정하는 것이다. 옴짝달싹하지 못하는 상황이 되었음을 인정하고 밀어붙여 봤자 소용없음을 깨닫고 나면, 참 겸허해진다. 그러고 나면 정체된 상황에서 조금씩 벗어날 수 있게 된다.

우선은 정체 상황에 빠진 원인부터 찾아내야 한다. 그 원인은 완벽주의적인 성향 때문일 수도 있고, 자기가 모든 것을 좌지우지하려는 태도 때문일 수도 있고, 항상 옳은 일을 하려고 하거나 스스로 모든 것을 해결하려고 하는 성향 때문일 수도 있으며, 누군가가 나를 구해 주기를 바라는 자세, 또는 다른 사람들을 즐겁게 해주고 싶은 욕심, 항상 꼭 계획을 세워야 하는 성격 등 무엇이든 될 수 있다. 스스로에게 물어보라. "옛날에는 제대로 되었는데 이제 더 이상 먹히지 않는 것은 무엇인가?" 또한 현재 빠져 있는 함정의 어느 부분 때문에 벽에 머리를 처박고 있는 느낌이 드는 것인지 자문해 본다.

작가라는 직업의 사막에서 나는 출발이 꽤 빠른 편이었다. 내 아이디어를 마음에 들어하는 훌륭한 출판 알선 에이전트를 찾는 데 한 달도 걸리지 않았다. 1차선 아스팔트 도로 위를 빠른 속도로 달리며 나는 '정말 순탄대로군!' 이라고 생각했다. 그러다가 프슈프슈를 만나고 말았다. 내 책에 대한 제안서를 쓰다가 초반부터 벽에 부딪치고 만 것이다. 각 장별 내용을 몇 단락으로 요약해야 하는데 수페이지에 달해 장의 실제 분량만큼 길어진 것이다. 편집자가 필요했다.

예전에는 나의 완벽주의적인 성향이 많은 도움이 되었다. '일을 잘 하려거든 스스로 하라' 라는 것이 나의 좌우명이었다. 이런 내가 누군가에게 내 글을 난도질해 달라고 부탁하는 것은 파문과도 같은 고통이었다. 내 안 어디에선가 나 스스로 할 수 있다는 목소리가 들려왔다. 나는 스스로 요약 부분을 편집하기 시작했다. 그런데 요약본에 손을 대자 글이 더 길어지고 말았다. 그래도 나는 계속 밀어붙였다. 그러자 페이지 수가 줄어들기는커녕 배로 늘어났다. 결국에는 내 책에 대한 제안서가 책 내용만큼이나 길어져 버렸다. 바로 무릎을 굽혀야 할 시기에 나는 여전히 벽에다 머리를 처박고 있었다. 아이디어는 좋았지만 편집자로서는 재주가 없었다.

내가 애초 세웠던 계획은 뜻대로 돌아가지 않았다. 이전에는 잘 먹혔던 전략이 이제는 상황을 더 나쁘게 만들 뿐이었다. 사막을 건너기 위해서는 여행할 수 있는 새로운 길을 찾아야 한다. 하지만 새로운 운송 수단을 찾기 전에 우선 옛날 방식부터 버려야 한다.

밀어붙이기를 멈추고 더 이상 머리를 벽에 부딪치지 않는다면 그 정체된 장소에서 서성거려야 한다. 오도가도 못하는 상황에서는 처음 머리에 떠오르는 생각이나 대안에 선뜻 뛰어들어서는 안 된다. 그냥 그 정체된 상태에서 한동안 머문다. 우리는 본능적으로 불편한 상황에서 벗어나게 해줄 것 같은 첫 번째 아이디어를 좇게 되어 있다. 하지만 이 불편한 상황은 아주 새로운 곳이며 중간적인 공간이다. 상황이 꼬인 원인에 대해서 찬찬히 파악하면서, 아직 헤어나올 수 있는 방법을 알아내지 못한 그 공간에서 한동안 멈춰서 숨을 고를 필요가 있다.

　　　아무도 장뤽을 도와 주기 위해 움직이지 않았다. 우리는 오도가도 못하는 상태에서 모래 위에 그냥 앉아 있었다. 태양은 너무나 뜨거웠다. 우리는 먼지와 땀에 뒤범벅이 되어 완전히 녹초가 되어 있었다. 장뤽은 차에서 빠져 나오려고 했지만 모래가 문의 바닥을 가로막아 밖으로 나올 수가 없었다. 문에 힘을 주고 밀어서 간신히 빠져 나올 수 있는 공간을 만들어 차에서 빠져 나왔다. 그는 차의 상황을 살펴본 후에 차의 지붕 위에서 모래 견인판을 끌어내리기 시작했다. 곧 어떤 일이 벌어질지 뻔했다. 그는 그 철판들을 바퀴 밑에 깔 것이고, 그러면 우리는 다시 차를 밀어야 할 것이다.

앙드레가 무엇인가 결심한 듯 앞으로 갔다. 그는 다시 한번 타이어의 공기를 빼야 한다고 주장했다. 장뤽은 일단 울퉁불퉁한 길에 들어서면 타이어에 공기가 빠진 상태에서는 차가 망가져 버릴 것이라고 되받아쳤다. 앙드레는 트럼프 카드를 빼어 들었다.

"Non, on ne va plus pousser. 우린 더 이상 못 밀어."

나는 앙드레의 마지막 경고에 동의했다. 나도 더 이상 차를 밀 생각이 없었다. 장뤽은 아무 말도 하지 않았다. 그는 바퀴 주변과 차 밑을 파기 시작했다. 나는 장뤽에게 연민을 느꼈다. 차를 밀어 줄 생각은 없었지만 나는 장뤽과 같이 모래를 파기 시작했다. 탤리스도 도와 주었다. 몇 분 동안 가만히 있던 앙드레도 뒷바퀴 쪽의 모래를 치우기 시작했다. 장뤽은 모든 타이어 앞에 모래판을 설치했다. 우리는 이제 앉아서 지켜보고 있었다. 그는 차에 올라탔지만 시동을 걸지는 않고 그냥 몇 분 동안 가만히 앉아 있었다. 그러고는 밖으로 나오더니 바퀴 앞으로 가서 무릎을 꿇었다. 그리고 푸조에서 바람 빠지는 소리가 크게 들렸다. 앙드레는 미소를 지었다. 장뤽이 타이어에서 바람을 빼고 있었던 것이다.

장뤽은 다시 차에 타더니 시동을 걸고 기어를 2단으로 바꾼 다음 클러치를 풀었다. 차는 견인판을 죄며 모래 위로 기어올라갔다. 그러고는 계속 앞으로 나아갔다. 장뤽이 속도를 붙였다. 이제 차는 모래 구덩이에서 빠져 나왔다. 우리는 다시 여행길에 올랐다.

에베레스트 산의 정상에는 산소가 해수면의 3분의 1밖에는 존재하지 않는다. 7,800미터 이상 올라가면 '죽음의 구역'에 다다르게 된다. 그곳에서는 공기가 희박해서 뇌 세포가 급속히 손상된다. 대부분의 사람들은 정상에 이르려면 산소를 공급받아야 한다.

세계에서 가장 높은 산의 정상에 오르기 위해서는 압축 공기 이상의 무언가가 필요하다. 감정적인 고양 또한 필요한 것이다. 심지어 목표, 프로젝트 그리고 도전 상황과 같은 인생의 은유적인 산들의 정상을 정복하는 데에도 감정적인 고양, 심리적인 자극, 정열의 불길 등이 필요하다.

하지만 사하라 사막에서 부딪치는 문제는 공기 부족이 아니라 공기 과잉 현상이다. 네 바퀴가 달린 자동차조차 매가리없이 구덩이에 처박혀 버린다. 이 상태에서 페달을 밟으면 더 깊이 박힐 뿐이다.

사하라에도 죽음의 구역이 있다. 이 죽음의 구역은 도로가 끝나는 곳에서 시작된다. 기온이 52도 이상 되는 곳에서 모래를 치우고 랜드로버 차량을 미는 일은 목숨까지 앗아갈 수 있을 정도로 위험하다. 차량을 구덩이에서 빼내려고 하다가 12시간 만에 탈수 현상으로 목숨을 잃는 사람들도 있다.

변화의 사막에서 우리 안의 일부가 죽어 버릴 수도 있다. 우리가 너무 오랫동안 정체되어 있거나 너무 심하게 밀어붙이면 열정, 진지함, 약속, 이 모든 것이 시들거나 죽어 버릴 수 있다. 쥐었던 것을 놓고 변화하지 못하면 생동감도 죽는다. 인생의 사막에서 오도가도 못하는 상황에 오래 머물고 싶은 사람은 아무도 없을 것이다.

정체된 상황은 바로 우리의 자신만만한 자아에서 공기를 조금 빼내어야 다시 움직일 수 있음을 의미하는 것일 수도 있다. 따라서 여기에 또 다른 역설이 존재한다. 타이어에서 공기를 빼고 차의 높이를 낮춰라. 그러면 차가 모래 위로 올라설 수 있다. 우리도 우리의 자아에서 언제 그리고 어떻게 공기를 빼야 할지 알게 되면 굉장한 상승을 맛볼 수 있다. 우리의 자아에서 공기를 조금 빼면 현실 세상과 좀더 가까워지고 좀더 인간적이 될 수 있다. 장뤽이 그렇게도 소중히 여기는 자기의 미슐랭 바퀴에서 공기를 빼기 전에 먼저 한 일은 자아에서 공기를 빼는 일이었다. 자기의 계획대로 일이 돌아가지 않고 있다는 사실, 그리고 자기의 고집 때문에 일행의 안전이 위협받고 있다는 사실을 받아들여야 했다.

〈새터데이 나이트 라이브 Saturday Night Live〉라는 프로그램에서 방송한, 동기 부여 연설을 패러디한 코미디 토막극이 생각난다. 그 연사가 쓴 베스트셀러와 매진이 된 세미나의 제목은 바로 '너는 아무 짝에도 쓸모없어'였다. 세미나가 끝난 후 눈물이 그렁그렁해서 뭔가 새로운 것을 깨달은 듯한 청중과 인터뷰를 했다. 무슨 증언식 광고와 같은 양식으로 그는 카메라를 쳐다보며 이렇게 말했다. "나는 패배자였습니다. 그런데 이제 그 이유를 알게 되었어요. 바로 나는 아무짝에도 쓸모없는 사람이었기 때문입니다."

나는 그 코미디가 마음에 들었다. 그것은 산을 오르는 데에만 집착하여, 성공할 수 있는 유일한 방법은 성공하는 것밖에 없다고 생각하는 정신 자세를 꼬집고 있었기 때문이다. 우리는 자신감, 자아를 유지하기 위해 엄청난 노력을 한다. 항상 고양된 느낌, 기분 좋은 느낌을 원한다. 이런 문화에서 살다 보면 자아에서 공기를 빼고 겸허해지는 것이 무척 어렵다. 우리 사회는 승자를 좋아한다. 우리는 약함을 거부하고 패배를 승리의 이야기로 바꾸어 버리곤 한다.

엄밀하게 말하자면, 우리는 스스로에 대한 믿음과 건전한 자존심을 키워야 한다. 특히 젊었을 때 그렇다. 엄마를 따라서 바닷가로 이사를 간 후 내 딸아이는 처음으로 공립 학교에 들어갔다. 그때 클로에는 열세 살이었다. 딸아이는 자기가 운동에 소질이 있다는 것을 알게 되었고 학교 대표 선수로 활약하면서 수십 개의 상을 받았다. 어려운 시기를 보내고 있던 딸애로서는 자신감을 키울 수 있는 좋은 기회였다. 딸아이는 나와 여름을 보내기 위해 산골에 찾아왔을 때도 상을 가져왔다. 그리고 나에게 이렇게 말했다. "기분 나쁜 일이 생기면 이 상을 봐요. 그러면 기분이 좋아지거든요."

젊은 사람에게 절대로 해서는 안 될 말이 바로 "너는 아무짝에도 쓸모없어"라는 말이다. 아이들은 등산가와 같은 본능을 가지고 태어난다. 아이들이 목표를 세우도록 격려하고, 목표를 달성하고 자신감을 키울 수 있도록 도와 주어야 한다. 젊은 날에 이룬 것이 인생의 절반이기도 하다. 어떤 의미에서 우리는 강한 자아(큰 자아와는 다르다)를 키워 나가야 한다. 이는 나중에 사막을 건널 때에 필요한, 공기를 빼는 작업을 견딜 수 있게 해준다.

성공으로 가는 길은 성공으로 덮여 있지 않다. 때로는 전혀 포장되어 있지 않은 도로도 달려야 한다. 성공적인 삶으로 가는 길에서 만난 사막에 잡힌 발목을 풀기 위해서는 자아가 한 번쯤은 패배를 겪도록 놓아 둘 필요가 있다. 그것은 내가 틀렸다고 인정하는 것일 수도 있고, 상실을 받아들이는 것일 수도 있으며, 사과를 하거나 용서를 하고, 도움을 요청하고 또는 약점을 인정하는 것일 수도 있다. 이렇게 공기를 빼고 나면 자아는 패자의 모습으로 나타난다.

나는 출판 알선 에이전트에게 2주 안에 내 책에 대한 제안서를 보내 주겠다고 약속했었다. 그런데 한 달이 지나도록 나는 제안서를 끝내지 못하고 있었다. 더 이상 밀어붙이지 않기로 마음을 먹자 공기를 빼는 작업이 남아 있었다. 나는 누군가의 도움이 필요하며 나 혼자서는 편집을 해낼 수 없다는 사실을 인정했다. 그래서 나는 굉장히 직설적이고 때로는 퉁명스럽기로 유명한 편집자를 선택했다.

자기 생각을 아주 솔직하게 말하며 저자의 문장에서 약점을 찾아내는 데 귀신이고, 의미가 애매모호하거나 앞뒤가 맞지 않는 부분을 족집게처럼 찾아내는 사람, 바로 나의 전처였다. 그녀는 빈틈없는 편집자로서, 내가 쓴 제안서를 매끄럽게 다듬어 주고 아주 좋은 출판사를 찾을 수 있도록 도와 주었다.

기대하지 않았던 선물도 따라 왔다. 나는 전처와 일 때문에 만남으로써, 우리 결혼에서 항상 문제가 되었던 비평의 좋은 측면을 볼 수 있게 된 것이 무척 기뻤다. 나는 이제 우리가 서로 사고 방식이 다른 것에 대해 감사하는 마음을 갖고, 또한 그녀의 안목을 높이 사게 되었다. 우리가 함께 살 때는 어떻게 해서든 피하고 싶었던 비평을 들으며 나는 감사하는 마음으로 그 대가를 치렀다. 겸허해지면 우리를 가두어 두었던 모래에서 벗어나는 동시에 뜻하지 않았던 선물도 받게 된다. 우리의 자아는 우리가 모든 해답을 가지고 있지 않다는 사실을 받아들이는 데 익숙하지 않다. 하지만 우리 스스로 겸허해지지 않으면 절대 답을 찾을 수 없다. 문제는 스스로 자아에서 공기를 빼내기 전에는 겸허해지는 것의 장점을 보지도 못하고 상상도 못 한다는 것이다.

우리가 가장 겸허해질 때는 바로 죽음과 가까워졌을 때이다. 죽음은 관념이 아닌 현실로 다가온다. 요즈음 한창 잘 나가는 소설 『모리와 함께 한 화요일Tuesdays with Morrie』에서 소설가는 죽음의 문턱에 선 남자가 마지막 몇 달 동안 다른 사람들에게 무한한 기쁨을 선사

하는 모습을 그린다. 몸이 점점 더 망가져 가는 동안 이 남자의 자아
는 성공적으로 허물어지고, 그 결과 아주 인간적인 남자, 모든 순간
을 사랑하는 그런 남자의 모습만이 남았다. 자아가 겸허해지면 정신
의 승리를 맛볼 수 있다.

그러나 어떻게 하면 겸허해질 수 있을까? 대부분의 사람들은 거꾸
로 간다. 누군가에게 칭찬을 받으면 "별거 아냐"라는 말로 엇나간
다. 쓸데없이 겸허해지는 것이다. 그러다가 정말 모래 속에 갇히는
상황이 되면 핑계를 찾거나 누군가를 탓하고 자아를 부풀려서 겸허
해질 수 있는 기회를 상실하고 만다.

말리도마 소메Malidoma Somé는 서아프리카 출신 작가이자 박사
학위를 두 개나 받은 강연가이기도 하다. 그는 사하라 사막 이남의
내륙국가인 부르키나파소Burkina Faso에서 태어났다. 그 나라에 사는
다가라 종족은 아직도 인생의 중요한 단계에는 의식을 치른다고 한
다. 말리도마는 사십 대 초반에 원로로 들어서는 의식을 치러야 할
때가 되자 북미 지역에 있던 집을 떠나 자기 고향으로 돌아왔다. 그
때 그는 수많은 초가집들로 둘러싸인 구역의 한가운데에 이틀 동안
앉아 있으라는 지시를 받았다. 그 이틀 동안 마을 사람들은 때때로
그에게 와서 모욕적인 말을 하곤 했다. 사람들은 그가 살아 오면서
실수했거나 잘못했던 부분을 들추어 내어 그 일 때문에 다른 사람들
이 얼마나 실망했었는지를 상기시켰다. 그들은 말리도마를 비난하
고, 꾸짖고, 평가절하했다. 그는 이러한 비난에 대해 아무런 대꾸도

하지 못하게 되어 있었다. 다가라족은 한껏 부풀어 오른 자아를 단번에 처리할 필요가 있다고 믿었다. 그것이 바로 아프리카판 '너는 아무짝에도 쓸모없어'였다. 그들은 리더로서의 책임을 맡기 전에 원로들이 먼저 겸허해져야 한다고 생각했던 것이다.

겸허해질 수 있는 작은 기회를 찾는다

우리 문화권과 사회는 거만한 자아를 건설적인 방법으로 해체하는 방법을 모르기 때문에 우리는 스스로 겸허해지도록 노력해야 한다. 겸허해지기 위해서는 엄청난 사건을 기다리기보다는 사소한 기회를 활용하는 것이 좋다. 변화의 사막에 꼼짝없이 갇혀 있는 상황에서는 공기를 많이 빼야 할 큰 사건이 기다리고 있을지도 모른다. 일상 생활 속의 작은 사건을 통해 연습하다 보면 큰 사건에 대비할 수 있다. 우리가 너무 까다로워지는 순간, 화가 나거나 참을성이 없어지고 유치해지거나, 또는 역겨워지고 둔감해지거나 오만해지는 순간이 오면 자아에서 공기를 빼고 실질적이며 건전한 방향으로 전환할 기회로 보면 된다.

그것은 자존심을 무너뜨린다거나, 스스로에게 엄해진다거나, 완전한 패자가 되는 것을 의미하지 않는다. 그것은 단순히 받아들이는 것이다. 겸허해진다 함은 그저 자기가 완벽하지 못하다는 것 그리고 영원한 존재가 아니라는 작은 진실을 받아들이는 것이다. 약점까지 포함하여 있는 그대로의 자신을 받아들이는 것이 바로 겸허함이며 이를 통해 더 높이 일어설 수 있다. 우리가 사막에서 겪는 변화는 종종 우리 자체가 바뀌는 것이 아니라 세상을 바라보는 우리의 관점이 바뀌는 것이다.

현재 상황에 대해서 냉혹하리만큼 정직해야 한다. 잘못한 일이 있으면 인정하고, 사과할 일이 있으면 사과하고, 끼어든 앞차 운전자를 용서해야 한다. 무언가 생각했던 대로 일이 안 풀리면 화를 내거나 남을 탓하기보다는 실망감 그 자체를 느껴야 한다. 잘못된 것을 바로잡거나 변화시키려 들지 말아야 한다. 핑계를 찾아서도 안 된다. 그냥 겸허해지는 마음 상태를 그대로 느낀다. 크게 숨을 들이키고 여전히 자아 의식이 살아 있음에 주목한다. 자아는 완전히 사라지지 않지만, 이제 약간은 겸허해질 수 있는 마음 자세를 배운 것이다.

바람을 빼는 것은 인생의 일부이다. 그런 모습은 섹시한 모습과는 거리가 멀어 『피플』 표지에는 나올 수 없을 것이다. 하지만 『인간』이라는 잡지가 있다면 그 표지를 장식할 수 있을 것이다. 왜냐하면 아주 작은 사건에라도 겸허해지고 난 사람은 더욱 인간적이고, 더욱 현실적이며, 살아 있는 존재처럼 느껴지기 때문이다.

겸허해질 수 있으면 방황도 가능해진다. 우리는 사막에서 신기루를 찾아 헤맨다. 내 안의 나침반을 찾는 것은 과학으로는 불가능하다. 우리가 따라왔던 방향이 신기루였음이 드러나면 겸허해질 수 있다. 그때 그 기분을 그대로 느껴라. 그것이 본인에게 좋은 경험이었다고 믿어야 한다. 그리고 목적 있는 방황을 계속해야 한다. 지난해여름 나는 일주일에 한 번 정도 뭔가 재미있고 경쟁적인 오아시스가필요하다는 것을 깨달았다. 성인 혼성 소프트볼 리그에 참가 신청을하는 것은 쉬운 일이었다. 나는 어렸을 때 야구를 했던 경험도 있었던 터라 야구는 자신이 있었다. 하지만 우리 팀의 한 여자는 그렇지못했다. 오스트레일리아가 고향인 대니얼은 한 번도 야구를 해본 적이 없었다. 우리 마을에 이사 온 지도 얼마 되지 않았고 야구를 하면재미도 있고 친구도 사귈 수 있을 것 같아서 리그에 가입했다고 했다.

첫 게임에서 대니얼은 맨손으로 공을 잡으려다가 엄지손가락을삐고 말았다. 공을 잡을 때보다 놓칠 때가 더 많았고, 두세 번은 베이스를 거꾸로 돌기까지 했다. 하지만 경기가 있을 때마다 한 번도빼놓지 않고 항상 참가한 사람은 대니얼밖에 없었다. 경기를 가장재미있게 즐긴 사람도 대니얼이었다. 그녀는 겸허한 자세를 가졌기에 자아에 대해 그리 연연해 하지 않고 오아시스에서의 활기찬 생활을 즐길 수 있었던 것이다.

오만한 자아 때문에 춤추기를 두려워하는 사람이 얼마나 많은가?누구도 어리숙해 보이는 것을 좋아하지 않는다. 그림 수업, 시 쓰기,외국어 배우기 등등, 자아에서 공기를 조금만 빼면 즐길 수 있는 수많은 오아시스가 있다. 오아시스가 가까이 있을 때도 좋은 모양새를유지하는 데 몰두하다가, 또는 잘해야 한다는 생각에 집착하다가 사막에 갇혀 버리고 만다. 자기가 망가지는 모습을 두려워하다가는 새로운 오아시스를 즐기는 경험을 영영 하지 못하게 될지도 모른다.

이렇게 조금씩 바람을 빼다 보면 크게 바람을 빼야 하는 상황에도 대비하게 된다. 타인과 진정으로 통하기 위해서는 자존심을 삼키거나 사과를 해야 할 때도 있고, 거짓말, 실수 또는 배신에 대해 솔직하게 인정해야 할 때도 있다. 자아에서 공기를 조금만 빼면 꼬인 인간 관계의 사막에서 헤어나와 다른 사람과 교류하는 치유의 오아시스로 들어설 수도 있다.

사하라 사막에서 타이어에 공기를 빼는 건 부끄러워해야 할 일이 아니다. 공기를 빼는 것은 여행의 일부이다. 인생을 살면서 공기를 빼야 할 때 부끄러워할 필요가 없다. 공기를 빼면 막힌 상황에서 벗어나, 다시 사막을 건너는 여정에 오를 수 있다.

인생의 사막을 건너는 것은 고독과 외로움,
다른 사람과 함께 하는 것.
그리고 다른 사람의 도움을 받는 것 사이에서
춤을 추는 것과 같다.

4

혼자서,
함께 여행하기

타이어에서 공기를 뺐더니 효과가 있었다. 우리는
호수 바닥을 건너 프슈프슈를 뒤로 하고 앞으로 달렸다. 그리고 그
다음 오아시스인 타만라세트로 가는 길도 발견했다. 프랑스어로는
피스트piste라고 하는 그 길은 뼛속까지 진동하게 만드는 그 유명한
빨래판 길이었다. 이렇게 울퉁불퉁한 길을 갈 때는 빨리 달려야 한
다. 시속 80킬로미터 이상이면 튀어나온 부분만을 타고 미끄러지듯
달리기 때문에 견딜 만했다. 하지만 한 가지 문제가 있었다. 타이어
에 바람을 팽팽하게 채워야 하는 것이다. 우리가 가지고 있던 자전
거의 공기 펌프로는 푸조 타이어를 충분히 부풀릴 수가 없었다.

　1단 기어를 넣고 달리자 울퉁불퉁한 길 위를 달리는 충격이 온몸
에 전해져 왔다. 마치 아주 작은 과속 방지턱들이 연이어 솟아 있는

것 같은 느낌이었다. 차가 너무나 심하게 흔들리는 바람에 내 이를 메운 충전재가 모두 빠져 나올 것만 같았다. 장뤽은 차를 세우고 루프랙(자동차의 지붕 위 짐받이)을 살펴보았다. 연이은 충격을 받은 루프랙은 느슨하게 풀어져서 곧 떨어질 지경이었다. 볼트 하나는 아예 빠지고 없었다. 곧 앙드레와 탤리스가 도착했고, 프랑스인들은 즉석에서 임시 수리를 하기 시작했다.

붉은색 소형 밴이 푸조 옆에 멈춰 섰다. 수염이 덥수룩하고 철테 안경을 쓴 금발의 남자 혼자 타고 있었다. 30대 후반이나 40대 초반으로 보이는 그는 땀을 많이 흘리고 있었고, 얼굴은 시뻘겠다. 그는 몸을 기울여 조수석 창문을 내리고 독일 억양으로 이렇게 말했다. "푸조 바퀴에 바람을 좀 넣어야 할 것 같은데요. 나한테 압축기가 있습니다. 바람 좀 넣어드릴까요?"

우리는 서로 인사를 나누었다. 클라우스라고 하는 이 남자는 뒤셀도르프에 사는 배관공으로, 아세크렘에 있는 유명한 사막 은둔처를 찾아가는 길이라고 했다. 그곳까지 가려면 타만라세트에서 아하가르 산맥 쪽으로 반나절은 달려야 했다.

그래서 우리 일행은 차량 세 대로 늘어났다. 시속 80킬로미터로 빨래판 위를 달리는 기분은 매우 좋았다. 메마른 호수 바닥 부분에 다다르자 빨래판 길이 끝났다. 그 길은 프슈프슈보다 단단했지만 수없이 많은 작은 자갈로 덮여 있는 지뢰밭과 같았다. 붉은색 르노가 먼저 큰 자갈에 부딪혔다. 클라우스 차의 바퀴가 폭발했고, 바퀴를 가는 동안 30분을 기다렸다. 그리고 얼마 못 가서 푸조 뒷바퀴 회전축에 있는 차동 장치가 바위에 부딪혔다. 앙드레와 탤리스 그리고 나는 찌는 듯한 오후의 더위를 참으며 약 한 시간 동안 서서, 장륙이 못쓰게 된 타이어의 접지면을 이용해서 위험하게 튀어나온 푸조의 구동축 부품들을 보호 덮개로 단단히 잡아매는 모습을 지켜보았다.

이렇게 자꾸만 지연되자 앙드레는 참을성을 잃어갔다. 땡볕에서 몸을 숨길 수 있는 곳은 아무 데도 없었다. 차를 움직이지 않고 세워 두면 마치 태양열을 듬뿍 받은 오븐처럼 되어 버린다. 예상했던 것보다 물도 더 빨리 줄어들고 있었다.

앙드레는 차량별로 사고가 날 때마다 각자 보수를 하고 멀쩡한 차는 계속 움직이자고 제안했다. 가다 보면 모래에 박혀 차가 고장이 날 수 있는데 그럴 때마다 모두 손 놓고 앉아서 기다릴 이유가 없었다. 차 한 대가 타이어를 가는 동안 뒤에 오던 차는 계속 움직여 앞서 가면 된다. 선두에 선 차량이 태양이 지기 한 시간 전에 자리를 잡고 캠프를 친 후 뒤에 오는 차량을 기다린다. 만약 심각하게 차가 부서지거나 캠프에 도착하지 못하는 차가 있으면 그 다음날 찾아 나선다.

앙드레는 사막판 '등 뛰어넘기식' 달리기를 제안하고 있었던 것이다. 그렇게 하면 좀더 빨리 움직일 수 있으면서 동시에 다른 일행과도 계속 연락을 취할 수 있을 터였다. 이런 식의 운전법에 정해진 명칭이 없었기에 탤리스는 '혼자서, 함께 여행하기'라고 이름을 지어

붙였다.

1953년 12명으로 구성된 영국인 탐험대의 에드먼드 힐러리와 텐징 노르가이가 세계 최초로 에베레스트 산 정상에 올랐다. 1980년 라인홀트 메스너는 사람들이 불가능하다고 생각했던 것을 해냈다. 산소병도 없이, 그것도 혼자서 에베레스트 산을 오른 것이다. 산 위에서는 혼자 아니면 함께이다.

하지만 사막을 건널 때 가장 효과적인 방법은 등 뛰어넘기이다. 즉, 한 그룹의 일원으로 차량이 각자 움직이는 것이다. 완전히 혼자인 것도 아니지만, 그렇다고 진짜 함께 여행하는 것도 아니다. 하지만 이 두 가지를 한꺼번에 하는 느낌이 들 수 있다.

'혼자서, 함께 여행하기'는 역설적으로 들린다. 하지만 이 규칙은 사하라 사막에서 효과가 있고, 또한 변화의 사막에서도 효력이 있다. 우리는 다른 사람의 도움이 필요하지만 동시에 혼자 여행을 해야 하기 때문이다. 아무도 우리 대신 여행을 해줄 수 없다. 우리 스스로 방향을 찾아야 하고, 전진하고, 스스로를 돌보고, 자아와 싸워야 한다. 하지만 그렇다고 항상 혼자일 수는 없다. 우리는 정신적인 지원, 친구들, 길잡이 그리고 다른 사람의 이해가 필요하기 때문이다.

이것은 균형의 문제가 아니다. 혼자서 여행해야 할 시간과 다른 사람의 지원을 받아야 할 시간의 비율에 대한 공식은 없다. 오히려 그것은 식별의 문제이다. 여행을 하는 도중에 어느 순간이든 다른 사람의 어깨가 필요할 때가 있고, 혼자 헤쳐 나가야 하는 순간도 있다. 또는 이 두 가지가 동시에 필요할 수도 있다. 우리가 개발해야 할 기술은 우리에게 필요한 것이 무엇이고 언제 필요한지를 뚜렷하게 인식하는 능력이다.

'타고난' 대로 하지 말라

다른 사람들과 팀을 형성해 같이 일하는 것을 좋아하는 사람이 있고 혼자 하기를 즐기는 사람이 있다. 그런데 이러한 성향에 대해서는 한번 주의 깊게 생각해 봐야 한다. 왜냐하면 더 쉬워 보이는 타고난 성향이 꼭 우리에게 필요한 것이 아닐 수도 있기 때문이다. '타고난' 것은 산을 오를 때에 필요했던 것들을 의미한다. 그것은 산을 오르는 태도와 행동을 칭찬하는 그런 문화에서 성공하는 데에 도움이 된다.

혼자 일하기를 즐기는 쪽의 사람이라면 다른 사람의 도움을 필요로 하고 있을 확률이 크다. 반면에 조언을 구하고, 토론회에 참여하고, 친목회에 가입하는 것이 편하게 느껴지는 사람은 혼자서 하는 버릇을 들여야 한다.

여러분이 선호하는 쪽은 어느 쪽인가? 상황이 어려워지면 혼자서 해결하려고 노력하는 편인가, 아니면 다른 사람에게 도움을 요청하는 편인가? 우리는 종종 누구와 함께 하는 것이 나은지, 혼자서 해야 하는지를 생각해 보지도 않은 채 마치 무릎 반사처럼 무의식적으로 반응한다. 사막은 변화의 장소이기 때문에 마음속에서 당연하고 자연스러운 것으로 느끼는 것과 반대로 해야 하는 경우도 있다. 여행을 하는 모든 단계에서 우리는 다음과 같은 질문을 던져야 한다. "지금 다른 사람의 도움이 필요한가?" 그리고 "이 일은 나 혼자 해야 하는가?"

　　　　사막의 등 뛰어넘기 게임은 친선 경주가 되어 버렸다. 우리 차가 처박힐 때마다 나는 푸조를 빨리 해방시키기 위해 할 수 있는 일을 다했다. 수리를 하는 동안 장뤽의 조수가 되어 장뤽이 차 밑바닥에서 달라고 외치는 연장을 그의 손에 척척 쥐어 주었다.

　차 바퀴를 가는 동안 그는 알제리에서 보냈던 어린 시절에 대해 이야기해 주었다. 태양빛이 넘치는 지중해에서 걱정 없이 보냈던 어린 시절의 여름들, 그리고 북아프리카를 떠나 프랑스로 갈 때의 비통함. 나는 드디어 장뤽의 상황을 이해할 수 있게 되었다. 그는 프랑스인이기는 했지만 프랑스는 그의 고향이 아니었다. 하지만 잔인한 독립 전쟁이 끝나고 난 후 몇 년 동안 그는 다른 프랑스인들과 마찬가지로 알제리에서 환영받지 못했다.

　그날 오후 동안 선두가 여러 번 바뀌었다. 우수한 정화장치와 공랭식空冷式 엔진이 장착된 앙드레의 시트로앵이 가장 잘 달렸다. 오후 늦게 앙드레와 탤리스는 바람을 피할 수 있는 바위들을 발견했다. 캠프 양쪽으로 시트로앵과 르노가 자리를 잡고 있었고, 우리가 맨 꼴찌로 도착했을 때는 해가 거의 다 진 후였다. 한낮의 찌는 듯한 더위는 곧 저녁의 냉기로 바뀌었고, 작은 불길이 그렇게 반가울 수가 없었다.

우리는 오면서 겪었던 일들에 대해 서로 이야기를 나누며 이렇게 성공적으로 혼자서, 같이 여행한 것을 자축했다. 클라우스가 트럭으로 가더니 차가운 독일 맥주 여섯 캔을 가지고 왔다. 클라우스는 한 시간 전에 젖은 수건으로 캔들을 싸서 차의 지붕에 올려 놓았었고, 급속한 증발 작용으로 맥주는 차갑게 식어 있었다. 클라우스의 인기는 단번에 치솟았다.

그는 자기 혼자 했던 여행 이야기를 들려 주었다. 뒤셀도르프를 떠난 후 포장도로가 끝날 때까지는 모든 것이 순조로웠다고 한다. 그러다가 차가 호수 바닥에 처박혀서 한 시간 정도 비지땀을 흘리고 있는데 우리 차가 왔다고 했다. 우리는 그를 전혀 보지 못했다. 그는 우리 차가 처박혀 있는 것을 보았다. 그래도 그는 자기 혼자 차를 꺼낼 수 있다고 믿고 우리에게 도움을 청하지 않았다. 그러나 우리가 차를 빼내어 사라져 버리고 혼자가 되니까 걱정이 되기 시작했다. 다행히 북쪽을 향해 가던 랜드로버가 그의 옆을 지나갔다. 그 차에 타고 있던 독일인 세 명은 친절하게 자기들이 가지고 있던 강력한 윈치를 사용해서 모래 깊숙이 박혀 있던 그의 차를 꺼내 주었다. 장뤽은 그에게 운이 좋았다고 말했다. 클라우스도 동의했다.

"맞아요. 그때 당신들한테 도와 달라고 했어야 했는데. 랜드로버가 구해 주지 않았다면 아마 나는 아직도 그 호수 바닥에 처박혀 있을 겁니다."

운전하고 가다가 길을 묻는 한 쌍의 남녀를 본 적이 있는가? 그때 보통 질문을 하는 쪽은 여자이고, 남자는 기분 나쁜 얼굴로 말없이 앞쪽만 바라보고 있다. 나는 남자들이 길 묻는 것을 싫어하는 마음을 이해한다. 남자들은 자기 혼자서도 길을 찾을 수 있다고 생각한다. 하지만 뭔가 큰 짐을 옮길 때는 주저하지 않고 다른 사람들에게 도움을 요청한다. 혼자서는 냉장고를 옮길 수 없다는 것을 잘 알고 있기 때문이다. 만약 혼자 할 수만 있다면, 냉장고 옮기는 것도 아마 기꺼이 혼자 하려고 할 것이다.

여자든 남자든 많은 사람들이 이와 비슷하다. 혼자 힘으로 함정에서 빠져 나올 수 있으면 혼자서 해내려고 하는 경향이 강하다. 누군가의 도움이 필요하다는 사실을 깨달아도 상황이 심각해지고 난 이후에야 도움을 청한다. 다른 사람의 도움이 필요하다는 사실을 인정하고 싶지 않은 것이다. 우리는 자기가 능력이 없는 것처럼 비치는 것을 두려워하고, 도움을 청하는 것은 자기의 약점을 보이는 짓이라고 생각한다. 너무 자만에 차서 혹은 불편해서 다른 사람에게 도움을 청하지 못한다. 다른 사람에게 신세지거나 종속되거나 겸손해져야 하는 상황을 싫어한다. 혹은 다른 사람의 도움을 받을 자격이 없다고 생각한다. 혼자서 일을 처리하려고 하는 이유는 수없이 많다. 하지만 지금 당장 도움을 청하기 어렵다고 자꾸 뒤로 미루면 나중에는 그렇게 하기가 더 어려워진다.

우리는 누구나 고운 모래 구덩이 프슈프슈에 빠졌던 클라우스처럼 될 수 있다. 우리 넷이서 힘을 합치면 그를 구덩이에서 빼낼 수 있었을 것이다. 하지만 그는 혼자서 하려고 했기 때문에 구덩이에 더 파묻히게 되었고, 결국에는 랜드로버의 윈치 힘을 빌려 겨우 구조받는 상황에까지 이르렀다.

내가 이사할 때마다 손을 빌리는 친구가 있다. 바로 스티브 T.이다. 그 친구는 힘이 셌다. 골초였음에도 불구하고, 몇 개월 동안 달리기를 전혀 하지 않은 상태에서도 10킬로미터를 한 시간 이내에 주파할 수 있었다. 그는 우리 소프트볼 팀의 4번 타자였다. 그는 단번에 담배를 끊고 5일간의 주스 단식을 시작했으며, 바로 그 주의 주말에 아파트를 수리했다. 평생 독신으로 지내온 그는 스스로를 돌보는 데 익숙했다. 그래서 병에 걸리자 그런 방법을 취해 본 것이었다. 그는 혼자서 산 타기를 즐기는 사람이었다. 그런데 그 산이 사막으로 변할 때쯤 다른 사람의 도움이 절실히 필요했다. 하지만 그는 다른 사람에게 도움을 청하는 방법을 몰랐고, 나는 그를 어떻게 도와야 할지 몰랐다.

어느 더운 여름날 우리는 점심을 먹기 위해 만났고 나는 그가 음식을 먹을 수 있는 상태인지 아닌지 알 수 없었다. 그는 눈에 띄게 살이 빠져 있었다. 바지 허리를 단단히 잡아매었는데 바지 폭이 남아 돌아 앞부분이 겹쳐 있었다. 스티브는 의사가 암 지원 단체에 나가 보라고 권유했다는 말을 했다. 나는 좋은 생각이라며 빨리 신청하라고 재촉했다. 하지만 나는 그가 아직 그렇게 할 준비가 되어 있지 않다는 것을 느낄 수 있었다. 나는 몸에 맞는 바지를 하나 사주겠다고 했다. 내가 그런 제안을 하면 다시 몸무게가 늘어나 입고 있던 바지가 맞을 거라는 이야기를 늘어 놓으며 거절할 줄 알았는데 스티브는 선선히 바지를 사는 데 동의했다. 나는 도움을 주기 위해서는 스티브에게 내가 먼저 다가가야 한다는 것을 깨달았다. 28인치짜리 카키색 바지처럼 스티브가 받아들일 준비가 되어 있는 그런 도움을 주어야 하는 것이다. 나는 그 일이 그가 다른 사람과 함께 하는 여행의 출발점이 되기를 바랐다. 아마 스티브는 결국 암 지원 단체에 가입할 것이다.

나는 어떤 사막이건 거의 모든 사막에 지원 단체가 있다는 것을 알게 되었다. 심지어는 지원 단체 가입에 중독된 사람들을 위한 지원 단체도 있었다. 이렇게 많은 지원 단체가 발달하게 된 것은 우연이 아니다. 혼자서 사막을 건너는 것이 불가능하기 때문에 누구에게든 이런 단체가 필요할 수 있다. 암 치료를 위한 화학 요법을 받고 회복될 때까지 집을 청소해 줄 사람이나, 직장을 잃고 나서 사는 게 얼마나 어려워졌는지 하소연할 친구가 필요할 때도 있을 것이다.

일찍 도움을 구하라,

그렇지 않으면 나중에 구조를 받아야 할 상황에 처한다

코미디언 제리 셰인필드에 따르면 어떤 사람이 부탁을 할 때 도와 달라는 말을 하고 나서 침묵이 흐르는 시간으로 그 사안의 경중을 짐작할 수 있다고 한다. 침묵의 순간이 짧으면 간단한 일이고, 길면 큰 일인 것이다. 도움을 청하기 위해 오랫동안 기다릴수록 침묵의 순간이 길어진다. 그만큼 다른 사람의 도움이 더욱 절실해졌을 것이기 때문이다.

이 사막 규칙의 '함께' 라는 요소는 다른 규칙들과 상호 연관되어 있다. 때로 오아시스에서 쉬어가려면 다른 사람의 도움을 받아야 한다. 아이 보는 데 심신이 지친 부모에게는 그들이 아이에게서 벗어나 자유로운 시간을 가질 수 있도록 아이를 돌보아 줄 베이비 시터나 친척이 필요하다. 앞뒤가 꽉꽉 막힌 상황에서는 우리의 자아에서 공기를 빼줄 수 있는 사람, 그래서 우리가 사과를 하거나 용서를 하거나 앞으로 나갈 수 있도록 도와 줄 친구나 상담자가 필요하다. 코치나 책 또는 지원 단체는 우리가 따라야 할 나침반의 바늘을 찾도록 도와 줄 수 있다.

인생의 사막에서 다른 차에 깃발을 흔들어 구조 신호를 보내야 할 이유는 많다. 다른 사람의 도움을 받으면 그것이 감정적인 자양분과 육체적인 힘이 되어 우리가 스스로 해야 하는 일을 하는 데 쓰일 수 있다. 어느 누구도 나를 대신해서 사막을 건너 줄 수는 없다. 사랑하는 사람들과 서로 교류하고 좋은 시간을 갖는 것은 다른 사람이 대신해 줄 수 있는 일이 아니다. 인생의 사막을 건너는 데 길잡이가 되어 줄 내부의 나침반을 선택하는 것은 본인 스스로 해야 할 일이다. 다른 사람의 배신을 용서하고, 나 자신이 유한한 존재임을 인정하고, 철이 들고, 상실감에 슬퍼하고, 퇴직 이후의 생활에 적응하는 것은 본인만이 할 수 있는 일이다. 지금 자신의 사막의 중심으로 더 깊이 들어가기 위해서 어떤 종류의 도움이 필요한가? 단순한 도움이 구조를 받아야 할 상황으로 커질 때까지 기다리지 말라. 되도록 빨리 도움을 구하는 것이 좋다.

동쪽으로 보이는 아하가르 산맥의 거무스레한 정상을 보니 타만라세트가 멀지 않은 것 같았다. 여기까지 무사히 온 것만도 다행이었다. 하지만 우리는 가장 위험하고 험난한 여정, 마지막 오아시스인 아가데즈까지의 여행이 아직 남아 있다는 것을 알고 있었다. 국경선을 넘어 니제르로 깊숙이 들어가면 아가데즈라고 하는 마지막 오아시스에 도착하게 되고, 그곳을 지나면 사막의 모래는 점차 사하라 사막 이남의 땅으로 변한다. 타만라세트에서 아가데즈까지는 길이 없다. 별 특징도 없는 모래와 바위로 이루어진 이 800킬로미터에 이르는 지역에서 수백 명의 여행자가 목숨을 잃었다. 낮 동안에는 기온이 54.4도까지 올라가고, 눈앞을 가리는 모래 폭풍이

며칠 동안 그치지 않고 계속 몰아칠 때도 있다. 길에서 몇백 미터 떨어진 곳에 있다가 차라도 고장나면 탈수로 죽게 되는 그런 곳이다.

우리는 나무가 드리워진 타만라세트의 거리를 따라 캠프장으로 가서 마지막 남은 야영지를 차지했다. 장뤽은 이 오아시스에 사람이 너무 많은 것이 이상하다고 했다. 그 이유는 곧 밝혀졌다. 알제리와 니제르의 국경이 봉쇄되었기 때문이었다. 아가데스로 가는 길 중간쯤에 있는 니제르 국경에서 여행객들을 되돌려 보낸 것이다. 알제리 경찰은 타만라세트 이남으로 차량이 이동하는 것을 더 이상 허용하지 않았다.

서부 아프리카의 어느 나라에서 쿠데타 시도가 있었고, 그 때문에 니제르처럼 예민한 이웃 국가는 아예 외국인들에게 국경을 봉쇄해 버렸다. 언제 국경이 다시 열릴지는 아무도 몰랐다.

프랑스인들은 다시 프랑스로 돌아가기로 결심했다. 앙드레는 탤리스와 나 둘이서 계속 여행을 하는 것은 바보짓이라고 했다. 우리가 받은 알제리 비자는 곧 유효 기간이 만료될 상황이었다. 돈도 거의 다 떨어졌다. 국경이 다시 열린다 해도, 무임승차 승객을 태워 줄 만한 여유가 있는 사람은 없었다. 아가데스까지 800킬로미터를 가려면 공간을 최대한 활용해서 기름과 물을 실어야 할 터였다.

탤리스는 곧 마음을 결정했다. 그는 나와 함께라면 계속 남쪽으로 가겠다고 했다. 겨울이 없는 아름다운 해변에서 2월을 보낸다는 생각이 그를 계속 유혹하고 있었다. 하지만 내가 발길을 돌리자고 하

아세크렘에서 바라본 아하가르 산맥. 아하가르는 사하라 중북부의 넓은 고원지대로 붉은 화강암 단층 위에
검은 현무암과 용암으로 이루어진 바위투성이의 사막이다.

면 그는 주저없이 프랑스로 향할 것이었다. 이제 나만 결정하면 될 일이었다. 나는 완전히 혼자인 것처럼 느껴졌다. 나는 클라우스에게 내 심정을 토로하며 조언을 구했다. 그러자 그는 특별한 제안을 해 왔다.

"나랑 함께 갑시다. 나는 아세크렘에 있는 은자의 처소로 가는 길입니다. 거기 가면 진짜 완벽하게 혼자가 될 수 있습니다."

더욱 완벽하게 혼자가 되는 것이 그때 내가 빠져 있던 딜레마에 대한 답인 것 같지는 않았지만, 나는 그의 제안을 받아들였다. 탤리스는 프랑스인들과 캠프에 남았고 나는 아하가르 화산의 봉우리와 바위가 달빛을 받아 으스스한 분위기를 풍기는 곳으로 향했다. 심하게 울퉁불퉁한 바위 길을 통통거리며 달려가면서 클라우스는 그 유명한, 사막 안에 있는 은자의 처소의 유래에 대해 이야기해 주었다.

샤를 드 푸콜은 군인으로서 세운 공보다는 방탕한 생활로 더 유명한 프랑스의 군 장교였다. 귀족 집안 출신의 자작으로서 샤를은 1800년대 후반 알제리로 배속되어 상류 생활을 누렸다. 하지만 군복무를 마친 후 그의 생활은 급변했다. 그는 금욕적인 수도승이 되어 투아레그 유목민을 그리스도교로 개종하는 일에 헌신했다. 그는 아하가르 산맥의 바람에 씻긴 황량한 봉우리들에 둘러싸인 2,700미터 높이의 산꼭대기에 은자의 거처를 세웠다. 샤를은 직접 말로써 개종을 설파하기보다는 자선과 이기심 없는 생활을 통해 사람들이 스스로 교화되기를 바랐다. 결국 투아레그인들의 존경과 사랑은 얻었지만, 한 사람도 가톨릭교도로 개종시키지는 못했다고 한다.

이 성인의 독실함에 영감을 받은 클라우스는 기도를 하기 위해 사하라 사막을 찾았다. 그는 젊은 아내가 서서히 죽어가고 있는 상황에서 그가 할 수 있는 일이라고는 이것밖에 없는 것 같았다고 했다. 그는 완벽하게 혼자가 되어서 하느님에게 가까이 다가가고 싶어했다.

우리는 조그만 트럭 안에서 억지로 잠을 청하며 추운 밤을 보냈다. 아침 6시에 클라우스가 나를 깨웠고 우리는 어둡고 고요한 길을 따라 은자의 처소까지 이어진 수킬로미터에 달하는 바위 길을 걸어갔다. 거대하고 평평한 산 정상에 다다르자 모직 모자와 오리털 재킷을 입은 수도승이 우리를 맞았다. 그는 샤를이 창시한 '예수님의 작은 형제들'의 일원이었다. 클라우스는 하늘이 엷은 녹색을 띤 청색의 빛을 발하기 시작할 무렵 동쪽의 절벽으로 걸어갔다. 나는 바위에 등을 기대고 앉아서 지평선 너머로 하늘 색깔이 변하는 모습을 지켜 보았다. 나는 혼자 앉아서 누군가 지구상에서 가장 멋진 광경이라고 평한 그 해돋이를 기다렸다. 타마셰크어로 아세크렘은 '세상의 끝'을 의미하는데, 정말 그런 느낌이 들었다. 사방은 조용했고, 광대한 사막에 있는 내가 정말 보잘것없는 초라한 존재로 느껴졌다. 나는 혼자였지만 외롭지 않았다.

태양은 아하가르 산맥의 화산 절벽을 눈이 어지럽도록 비추어 주는 느린 불꽃놀이, 조용한 폭발처럼 모습을 드러냈다. 나는 해가 뜨는 모습을 바라보고 일어섰다. 그리고 길로 접어들어 클라우스의 트

아세크렘에 있는 은자의 처소. 알제리의 상류 프랑스인 사회에서 방탕한 생활을 하던 샤를이라는 장교가
퇴역 후 수도승이 되어 이곳에서 금욕생활을 했다고 한다.

력을 세워둔 곳까지 내려왔다. 나는 마음을 정했다. 탤리스와 나는 아가데즈까지 간다. 내가 왜 그런 결정을 내렸는지 논리적으로 설명할 수는 없었다. 그리고 마지막 오아시스까지 어떻게 갈 것인지에 대한 계획도 없었다. 내가 아는 것은 내 안의 나침반이 계속 남쪽을 가리키고 있다는 것뿐이었다.

유명한 화가나 작가는 걸작을 창작할 때 도제나 조수를 활용한다. 캔버스에 밑그림을 그리는 작업이건 소설을 쓰기 위한 조사 작업이건 이러한 팀워크를 통해 역사적인 위대한 작품들이 탄생되는 것이다. 하지만 스케치나 성격 묘사, 명암이나 줄거리 구상 같은 아주 중요한 본질적인 부분은 다른 사람에게 절대로 위임하지 않는다. 화가나 작가는 '이 부분만큼은 나 혼자 작업해야 한다'는 사실을 알고 있기 때문이다.

위대한 창의성을 타고난 사람은 자기가 혼자 작업해야 할 부분을 직감으로 안다. 하지만 사막에서의 변화는 직관에 반대되는 것으로 보인다. 우리의 자아는 변화에 저항하는 속성이 있으며, 이 때문에 해야 할 일로부터 멀어져 스스로 해야 할 일을 피하거나 남에게 위임하는 경우가 종종 있다. 장뤽과 앙드레가 프랑스로 되돌아가기로 했을 때 나는 그들과 함께 가느냐 아니면 가던 길을 계속 가느냐 하는 결정을 내려야 하는 기로에 서게 되었다. 나는 그 결정을 누군가 남에게 미루고 싶었다.

우리의 결혼 생활이 끝났을 때 나는 280평방미터(약 85평)에 달하는 우리의 새 집, 꿈의 집을 나왔다. 그 집에서는 브리티시 컬럼비아의 셀커크 산맥에 있는 빙하에서 흘러 내려온 물로 이루어진 호수가 보였다. 나는 그런 집을 떠나 트레일러 공원 안에 있는 이동식 주택을 빌렸다. 나는 이혼한 아내에 대해 불평을 하며 소일했고 술도 많이 마셨다. 어느 날 전화로 언쟁을 벌이다가 화가 난 전처는 차를 몰고 와서 내 트레일러를 박아 버렸다. 나는 말도 안 되는 컨트리 노래 가사의 주인공이 된 기분이었다.

어느 날 저녁 나는 마음이 너무 울적해서 텔레비전 채널을 이리저리 돌리다가, 과거와 현재의 스타들이 나와서 옛날 컨트리 노래를 부르는 프로그램에 채널을 고정시켰다. 맥주병을 막 땄을 때 파란색과 흰색의 카우보이 재킷을 입은 은발 신사가 노래를 부르기 시작했다. "나는 오늘 너무 외로워 눈물이 날 것 같은데……." 나는 그 노래에 완전히 동화되어 울기 시작했다. 나는 그 노래가 멈추지 않기를 바랐다. 그 노래는 마치 나를 위해 씌어진 노래 같았다. 나는 그 프로그램을 녹화한 비디오를 주문하기 위해 펜을 찾아서 수신자 부담 전화 번호를 적었다.

그러다가 제정신이 든 나는 내가 무슨 짓을 하고 있는지를 깨닫고는 화들짝 놀랐다. 나는 절대로 텔레비전에서 광고하는 물건을 주문하기 위해 수신자 부담 전화 번호를 적는 그런 사람이 아니었다. 맥가이버 칼도, 티타늄으로 만든 신제품도 살 사람이 아니다. 하물며

컨트리 음악을 사기 위해 전화를 하다니. 완전히 정신이 나갔거나 최면에 걸렸던 것이 틀림없었다.

어쨌든 그 노래와 내 황량한 주변 환경 덕분에 나는 내가 얼마나 완벽하게 혼자인지를 깨달을 수 있었다. 나는 그것을 회피할 수도 다른 사람에게 떠넘길 수도 없었다. 그저 나 혼자 느껴야 했다. 그러자 이상한 일이 발생했다. 혼자라는 사실을 받아들이자 나는 덜 외로워졌다. 이 사막, 이혼 후의 외로움에 대해 얼마나 많은 노래가 만들어졌던가. 그건 다른 사람들도 이런 길을 걸어왔다는 뜻이 아닌가. 나는 갑자기 나처럼 혼자라고 느끼는 동료를 수천 명 만난 기분이었다. 그들 대부분이 아마 엘비스가 아직 살아 있는 게 아닌가 싶을 만큼 노래를 불러댔을 터였지만 나는 개의치 않았다. 혼자라는 사실을 참을 수 있게 되면 지원병이 나타나기도 한다. 그저 잠시 혼자 있을 수 있으면 그 상태를 받아들일 수 있게 되고, 심지어는 앞으로 가야 할 방향까지 볼 수 있다.

적절한 위안거리나 위안을 줄 사람을 찾으면 혼자가 되는 것도 쉬워진다. 불치병을 앓고 있는 사람은 친구 또는 호스피스 자원자와 같은 낯선 사람이라도 침상 곁에 함께 하면 죽음의 외로움에 맞설 수 있다. 숙련된 치료사나 성직자 또는 정신적인 스승이 있으면 중년의 위기라고 하는 어둡고 힘든 여행이 견딜 만해지고 또 앞으로 가야 할 길까지 찾을 수 있다. 이러한 매서운 시험은 우리의 여행을 대신해 줄 사람을 찾기 위한 것이 아니다. 다른 사람이 옆에서 도와 준다고 해도 우리는 여전히 혼자다. 클라우스는 내가 해야 할 결정을 대신 내려 주지 못했다. 대신에 그는 세상에서 가장 멀고 황량한 곳에 위치한 은자의 집에 나를 데려감으로써 자기의 고독을 나와 나누어 가졌다. 그는 내가 나와 함께 할 수 있도록 도와 준 것이다. 진정 혼자가 되고 나면 무엇인가 변화가 일어난다. 내부에 잠자고 있던 나침반이 모습을 드러내는 것이다.

결혼의 사막에서 종종 사람들은 타인를 위해 자신을 잃어 버리고 자신이 누구인지를 잊기도 한다. 『결혼 안식일』이라는 소설에서 작가 셰릴 자비스는 몇 십 년 동안 아이들과 남편을 돌보는 일에 정성을 쏟았던 중년 여성들이 즐거움을 좇아가면서 자아를 발견해 나가는 모습을 그리고 있다.

이 책에는 결혼 생활에서 벗어나 몇 주 동안 또는 길게는 2년 동안 새로운 것을 경험하는 여성들의 이야기가 상세하게 묘사되어 있다. 그 중에는 전문적인 집필 시설에 들어가서 책을 쓰는 여성도 있고, 2년 동안 평화 봉사단에서 활동하는 여성도 있다. 가족과 떨어져서 혼자가 되자 이 여성들의 삶에 새로운 것이 들어온다. 이 과정에서 그들은 일상적인 결혼 생활을 할 때는 보이지 않았던 자신의 일부를 발견하고 스스로와 소통하게 된다. 그들은 이렇게 자아를 발견하고 난 뒤 가족에게로 돌아온다.

혼자가 되어야 할 순간에는 산을 타는 산악인이 되기보다는 사막의 은둔자가 되는 것이 낫다. 진짜 사하라 사막에서건 인생의 사막에서건 혼자가 되는 순간 우리는 하느님의 목소리를 더 잘 들을 수 있고, 우리의 영혼이 원하는 것을 똑똑히 알 수 있으며, 우리 속에 들어 있던 심오한 지혜의 울림을 분명히 들을 수 있게 된다. 이러한 의사소통을 하기 위한 비법이 따로 있는 것은 아니다. 목적도 없이, 일정도 없이 그냥 혼자가 되는 것이 그 방법이다. 그러나 혼자가 된다고 해서 외로워지는 것은 아니다. 고독한 상태에서는 자신보다 큰 다른 무언가와 연결되므로.

가끔씩은 은자로 살기

살아가면서 우리는 가끔 은자가 되어 볼 필요가 있다. 혼자가 되는 동안에 어떤 일이 발생할지는 아무도 모른다. 하지만 무슨 일인가가 발생하고 무언가가 변해서 방향을 찾거나 활력을 되찾고, 또는 무엇인가를 받아들이거나 놓아 줄 수 있게 된다. 그러고 나서 우리는 현실로 돌아온다.

외로움을 두려워하는 사람들은 가끔씩 은자가 되는 것이 훨씬 안전하다. 그것이 일시적이라는 것을 알기 때문이다. 혼자 산 타기를 즐기는 사람들의 경우 가끔씩 은자가 되면 필요할 때 다른 사람에게 도움을 청할 수 있다. 그리고 우리가 일시적으로만 은자로 지낼 것임을 분명하게 밝혀 두면, 우리를 필요로 하는 아이들이나 배우자 그리고 동료들도 우리의 감정적인 부재 또는 육체적인 부재를 감내하기가 훨씬 쉬워진다.

인생의 사막을 건너는 것은 고독과 외로움, 다른 사람과 함께 하는 것 그리고 다른 사람의 도움을 받는 것 사이에서 춤을 추는 것과 같다. 혼자가 되거나 다른 사람과 함께 함으로써 계속 움직여 우리의 사막 안으로 더욱 깊이 들어갈 수 있다. 좀더 분명한 방향을 찾고자 할 때에는 이렇게 자문해 보면 된다. "내가 다시 움직이기 위해 필요한 것은 무엇일까?" 또는 "어떻게 하면 내가 따라야 할 나침반 바늘을 찾을 수 있을까?"

"Ils sont absolument fous! 완전히 돌았군!" 내가 계속 남쪽으로 가겠다고 하자 앙드레가 장뤽에게 이렇게 말했다. 앙드레는 우리가 미쳤다고 생각했다. 장뤽은 어떻게 생각하는지 알 수가 없었다. 그가 돈을 내밀기 전까지는 말이다.

"C'est pour quoi ça? 무슨 돈이죠?"라고 내가 물었다.

"C'est pour ton lit de camp, la nourriture et l'essence. 양식과 연료는 네 야전 침대 값이야."

그는 내 군대용 간이 침대를 사고 내가 음식과 가스 비용으로 낸 돈을 모두 돌려 주겠다고 했다. 나는 싫다고 했다. 환불을 받아야 할 이유가 없었다. 나는 무슨 패키지 여행에 동참한 것도 아니었고 국경이 봉쇄된 것은 누구의 잘못도 아니었다. 그는 내가 하는 프랑스어를 못 알아듣는 척했다. 나는 돈을 받았다.

"Allons-y. 가세." 장뤽이 이미 트럭에 올라타 앉아 있는 앙드레와 클라우스에게 말했다.

앙드레는 창문을 내리고 운전을 시작했다. 그리고 뒤를 돌아보더니 우리에게 외쳤다. "Il ne faut pas s'arrêter à la frontière! C'est dangereux!"

"뭐라고 하는 거야?" 탤리스가 물었다.

"'국경선에서는 멈추지 마. 그건 위험해' 라고 하는데."

"그게 무슨 뜻이지?"

"나도 몰라. 국경선에 가보면 알겠지. 거기까지 갈 수 있다면."

안전하고 따뜻한 캠프파이어가 비추는 것은
진짜 세상의 일부분에 불과하다.
때로 정말 중요한 것을 얻기 위해
사막의 깜깜한 어둠 속으로 나아가야 한다.

STEP AWAY FROM
YOUR CAMPFIRE

5

캠프파이어에서
한 걸음 멀어지기

프랑스인들이 떠나 버리자 나는 복잡한 심정이 되었다. 회한, 두려움, 설레임 같은 감정들이 한꺼번에 밀려왔다. 이럴 줄 알았으면 좀더 잘해 주었을 텐데. 하지만 이제 두 사람은 가버렸고 우리 둘만 남게 되었다. 이제부터 진짜 여행이 시작되는 것 같았다.

장뤽은 그때 우리에게 가장 절실하게 필요했던 것, 현금을 주고 갔다. 그 소중한 현금을 아끼기 위해 우리는 오아시스에서 몇 킬로미터 떨어진 사막에 캠프를 치기로 했다. 우리는 아하가르 산맥으로 가던 스웨덴 사람들의 차를 얻어 타고 가다가 바위 언덕 위의 평평한 부분을 발견했다.

사하라는 사막으로서는 상대적으로 젊은 편이다. 신석기 시대의 수렵인들이 남겨 놓은 바위 그림을 보면 6,000년에서 8,000년 전까지도 이곳은 푸릇푸릇한 목초지였다. 몸집이 작은 영양 몇 종이 아직도 알제리와 니제르 일부 지역에 남아 있다. 발길에 채이는 장작은 수백 년 또는 수천 년 나이를 먹은 것이다. 우리는 하루 종일 밤에 불을 지피는 데 쓸 나무를 찾아 다녔다.

땅거미가 지기 시작하자, 사막은 점점 더 광대해지는 것 같았다. 나는 내가 정말 왜소한 존재처럼 느껴졌다. 마치 코끼리 등에 앉아 있는 벼룩처럼 잘 보이지도 않고, 주인이 가는 데로 어디든 따를 수밖에 없는 그런 존재. 사하라 사막은 나의 주인님이었다.

장작불이 탁탁 터지는 소리가 들려오자 마음이 진정되기 시작했다. 반경 2미터 정도 되는 빛과 따스함이 거대하고 어두운 사막으로부터 나를 지켜 주는 피난처였다. 우리는 불만 계속 잘 지핀다면 그 밤을 무사히 보낼 수 있다는 걸 알았다.

바로 그때 그 유목민이 나타난 것이다. 우리는 그에게 소금과 후추를 주었다. 그랬더니 이제는 캠프를 떠나서 사막의 밤 속으로 그를 따라오라는 것이다. 복병들이 우리를 기다리고 있는 것은 아닐까? 투아레그족의 차가운 단검이 내 목을 뚫고 지나가면 어떤 느낌일까 하는 생각이 들었다.

탤리스가 일어섰다. 탤리스는 이제 어둠 속으로 투아레그족을 따라가려는 것이다.

"만약 저놈들 무리 예닐곱 명이 칼을 빼들고 우리를 기다리고 있으면 어떻게 해?" 나는 덜덜 떨리는 이 사이로 쉰 소리를 내며 말했다. "그냥 여기 그대로 있거나 도망쳐야 한다구."

탤리스는 손과 바지 엉덩이 부분에 묻어 있던 모래 알갱이를 털어 냈다.

"자넨 과대 망상이 너무 지나쳐. 도망치면 어디로 가게? 저 밖은 광활한 사막이잖아. 그리고 이 투아레그족들이 우리를 시험하는 것일 수도 있어. 이 사람을 안 따라가면, 우리가 용기가 없거나 예의가 없어서 안 온 것이라고 해석하고 우리가 자고 있는 동안 우리 목을 베는 게 이 사람들 관습이면 어떻게 하려고 그래."

마지막 문장을 말할 때 나는 탤리스의 목소리에서 비웃음을 느낄 수 있었다. 나는 손전등을 켜들었다. 손전등 빛에 내 사냥용 칼이 반짝였다.

"칼은 가지고 갈 생각도 하지 마. 손전등은 물론이고." 탤리스가 명령했다.

"하지만 밖은 정말 깜깜하잖아."

"불에서 멀어지면 눈이 알아서 적응해. 자, 저 사람이 모래 언덕 위로 사라져 버리기 전에 빨리 가자."

캠프파이어 불은 안전하고 따뜻하게 느껴졌다. 그냥 저 유목민 말을 무시하면 안 될까? 안 따라가면 우리를 그냥 내버려 둘지도 몰라. 나는 그냥 침낭 속으로 기어들어가 불 옆에 꼭 붙어 탤리스와 교대로 망을 보며 잠을 자고 싶었다.

탤리스는 캠프파이어에서 멀어져 갔다. 나는 마지못해 따라 나섰다. 캠프파이어의 불에서 멀어지자 잠깐 동안 눈앞이 보이지 않았다. 바위가 널린 언덕을 7, 8미터쯤 내려가자 우리 눈은 어느덧 어둠에 적응했다.

그날은 달도 없었다. 하지만 별이 무수히 많이 떠 있어 바위 투성이의 땅에 우리 그림자가 비칠 정도였다. 저쪽 지평선에서 이쪽 지평선 끝까지, 그리고 우리의 머리 위에서부터 저쪽 하늘 끝까지 수없이 많은 별들이 반짝이고 있었다. 습기나 공해, 또는 도심의 불빛에 오염되지 않은 별 하늘이 도시 생활의 안락함과 캠프파이어를 뒤로 할 용기가 있는 사람을 위해 눈부시게 반짝이고 있었다. 나는 그 아름다운 광경에 입이 벌어졌다.

투아레그인은 높은 언덕 위에 다다랐다. 그는 마치 산등성이에서 하늘의 반짝이는 대양으로 발을 내딛고 있는 것처럼 보였다. 그는 수없이 많은 별무리가 반짝이는 저쪽 하늘로 천천히 사라졌다. 우리는 마지막 바위를 기어서 넘은 다음 모래 언덕을 오르기 시작했다.

우리 인생에는 따뜻하고 친숙한 캠프파이어들이 있다. 바로 가족, 친구, 집, 그리고 직장이다. 가치관, 일상, 인간 관계 그리고 의식처럼, 우리가 믿고 있는 것들도 마찬가지이다. 나쁜 습관과 좋은 습관, 옳고 그름에 대한 우리의 판단도 캠프파이어로 볼 수 있다. 우리가 알고 있는 세상 그리고 우리가 세상을 보는 방법이 바로 캠프파이어이다. 누구에게나 캠프파이어가 있다.

인생이 변화를 겪고 자신이 사막에 있다고 느낄 때 우리는 캠프파이어를 더 크게 지피기 위해 나뭇가지를 찾아 다닌다. 바위 언덕배기를 헤매며 불을 지필 땔감을 찾아 다니던 나와 탤리스처럼, 우리는 안전하다고 느낄 수 있을 만큼의 연료를 찾기 위해 온갖 노력을 다한다. 우리는 확실하고 일상적으로 반복되는 것을 원한다. 애매모호하고 위험한 것은 싫어한다. 하지만 우리의 캠프파이어가 비추어주는 것은 진짜 세상의 극히 일부분에 불과하다. 때로 우리는 안락함과 안전을 뒤로 해야 할 때가 있다. 우리에게 필요한 것을 사막의 깜깜한 어둠 속에서밖에는 찾을 수 없기 때문이다. 그것은 마치 우리가 원하는 것이 별빛처럼 밤에만 보이는 것과 같다.

　　모래 언덕을 힘들게 기어 올라가면서 나는 다시 불안해지기 시작했다. 투아레그족 남자가 보이지 않자, 별들로 무아지경에 빠졌던 내 마음에 다시 두려움이 끼어들기 시작한 것이다. 산등성이에 올라서자 산들바람이 우리를 반겨 주었다. 산들바람과 함께 캠프파이어의 연기와 두런두런 대화를 나누고 있는 소리가 실려왔다. 우리는 잠시 멈추었다가 움푹 파인 땅에 내려섰다. 그곳에는 일고여덟 명 정도 되는 남자들이 바람을 피해 작은 불 주변에 모여 앉아 있었다. 대부분 흰색과 파란색 옷으로 몸을 휘감은 투아레그족이었다. 머리와 얼굴을 온통 싸매고 있어서 보이는 것은 눈뿐이었다. 그들이 우리를 쳐다보았다. 그 중에는 긴 칼을 가지고 있는 사람도 있었다.

우리는 함정 속으로 걸어 들어가고 있는 중이었다. 나는 심장이 쿵쿵 뛰는 것을 느끼며 상황 파악을 하느라 바빴다. 셔츠와 진 바지를 입고 있는 사람이 둘 있었다. 아마 알제리인일 것이다. 그러면 상황은 더 끔찍할 터였다. 강도들인가? 도망자들일까? 밀매업자들? 아니면 식민지 지배에 복수하기 위해 유럽인이면 아무나 달려들어 해코지 하는 반항 세력일까?

우리 캠프에 찾아왔던 투아레그인이 우리에게 이리로 오라는 시늉을 해 보였다. 과장된 웃음을 짓고 있는 그의 얼굴을 보며 나는 영락없이 쥐덫에 걸렸다고 생각했다. 나는 너무나 긴장한 나머지 그들이 불 위에 무엇인가를 요리하고 있는 것조차 보지 못했다. 불 가까이에 가서야 아주 작은 산양처럼 보이는 것이 눈에 들어왔다. 냄새가 기가 막혔다. 칼을 들고 있던 남자가 익은 고기를 자르기 시작했다. 그 투아레그인은 타마셰크어로 짐작되는 유목민들의 언어로 알제리인 한 사람에게 무언가를 이야기했다. 그 알제리 젊은이는 압둘이라고 자기를 소개하며 투아레그인이 한 말을 완벽한 프랑스어로 통역해 주었다.

"Bienvenue à notre camp. Faites-nous l'honneur d'être nos invités à ce banquet. 우리 캠프에 오신 것을 환영합니다. 식사 초대에 응해 주셔서 정말 영광입니다."

탤리스는 프랑스어를 조금밖에 하지 못했지만 이번에는 나의 통

투아레그족과의 즐거운 한때. 따스하고 안전하게 느껴지는 캠프파이어를 억지로 떠나 투아레그인을
따라가자, 뜻밖의 환대와 즐거운 만찬이 기다리고 있었다.

역이 필요치 않았다. 그는 벌써 육감으로 상황을 다 알아차렸다. 우리가 투아레그족의 축제에 손님으로 초대된 것을 그는 느낄 수 있었다. 탤리스의 관심은 온통 고기에 쏠려 있었다. 언제쯤 저 고기를 먹을 수 있을까. 오직 그 생각으로 꽉 차 있었다.

접시에 고기가 다 차려지자, 투아레그인이 맨손으로 불을 한 쪽으로 치우기 시작했다. 내가 압둘에게 무엇을 하고 있는 것인지 물어보자 그는 잘 지켜보라고 했다. 그 요리사가 뜨거운 모래를 치우자 불 밑에서 구워지고 있던 빵이 모습을 드러냈다. 우리는 정신없이 먹기 시작했다. 향기로운 냄새와 이국적인 고기맛에 혀끝의 미뢰들이 정신을 못 차렸다. 탤리스는 고기에서 떨어지는 국물에 빵을 찍어 먹었다.

저녁 식사를 끝낸 후 우리는 대화를 나누었다. 우리를 찾아왔던 투아레그인은 사실은 프랑스어를 하나도 못하는 사람으로 그저 압둘이 가르쳐 준 대로 했을 뿐이라고 했다. 처음 우리를 찾아왔을 때 소금과 후추를 한꺼번에 달라고 말하려고 했는데 기억을 하지 못해 두 번 걸음을 했던 거라고 한다. 다른 투아레그인들이 그의 어색한 프랑스어를 흉내 내며 즐거워했다.

압둘의 열두 살 난 동생도 놀림감이었다. 압둘은 쉴 새 없이 동생을 놀렸다. 이브라힘은 소년의 몸에서 하룻밤 사이에 어른으로 성장하는 것 같은 사춘기를 맞고 있었다. 이브라힘은 자기 귀가 엄청나게 크다고 자랑했다. 나는 그 귀를 보자 하늘을 날아다니는 코끼리 덤보가 생각났다. 하지만 이 유목민 친구들은 텔레비전을 본 적이 없을 터였다. 내가 덤보를 들먹여도 아무도 이해하지 못할 게 뻔했다. 이브라힘은 다른 사람들이 자기한테 관심을 가져 주는 것을 즐기고 있었다. 그리고 나는 압둘이 어린 동생을 정말 사랑하고 있음을 느낄 수 있었다. 덤보를 떠올리며 나는 이렇게 말했다. "Avec ces oreilles, il pourrait voler. 귀가 커서 하늘을 날 수도 있겠네요."

이 말을 듣자 압둘은 미친 듯이 웃기 시작했다. 투아레그족 일행은 무슨 말인지 통역 좀 해달라고 통사정을 했다. 압둘이 통역을 마치자, 폭소가 터져 나왔다. 투아레그족들은 머리 양쪽에 손을 대고 날개처럼 파닥거리는 흉내를 내기 시작했다. 내 농담을 듣고 난 이 사막의 유목민들은 너무 웃어서 이제 기침을 해대느라 숨도 못 쉴 지경이 되었다. 나는 더할 나위 없이 행복했다.

우리는 밤 늦게까지 웃고 떠들었다. 마지막 불씨를 가지고 박하차까지 다 끓여 먹고 나서 나는 탤리스의 옆구리를 찔렀다. 이제 가야 할 시간이 된 것이다. 이제 유명한 귀를 갖게 된 이브라힘은 압둘의 허벅지에 머리를 파묻은 채 자고 있었다. 주인에게 감사를 표하고 우리는 마지못해 모래 언덕을 올라, 별빛을 받으며 아무 말 없이 걸어서 언덕배기의 우리 캠프로 돌아왔다. 캠프의 불길은 꺼진 지 오래였지만 상관없었다. 그날 처음으로 나는 내가 사막의 일부인 것처럼 느껴졌다.

투아레그족에게는 사하라가 고향이다. 그들은 사막에서 사는 법을 알고 있다. 사막을 건너는 방법도 안다. 그리고 다른 사람들이 사막에서 편하게 느낄 수 있도록 해주는 방법도 알고 있다. 인생의 사막에서 유목민을 만나면 친숙한 캠프파이어 곁을 떠나기가 쉬워진다. 하지만 그가 유목민인 것을 어떻게 알아차릴 수 있단 말인가?

유목민과 친구 하기

유목민에는 세 가지 유형이 있다. 맨 먼저 스승형. 그들은 우리가 현재 어디쯤 건너고 있는지 알고 있기 때문에 캠프파이어에서 멀어질 수 있도록 도와 준다. 알코올 중독자 모임에 가입하면 먼저 후원자를 갖게 된다. 이미 12단계 프로그램을 마쳤고 경험도 많은 선배격의 회원을 소개받는 것이다. 이 후원자는 새로운 회원이 현재 상황을 받아들이고 알코올 중독 극복이라는 사막을 잘 건널 수 있도록 안내자 역할을 해준다.

정신적인 수양을 하고 싶다면, 수도승과 친구가 되어 보라. 배신자를 용서하고자 하는가? 그러면 배신당한 적이 있는 모든 사람에게 물어보라. 억울한 감정의 캠프파이어에서 떠날 수 있는 방법을 배울 수 있을 것이다. 자유를 느끼면서 능동적으로 살고 싶다면 연기

수업을 받거나 네 살짜리 아이들과 함께 하는 시간을 갖는 것이 좋다.

두 번째 유형은 만능 선수형이다. 그들은 지금 내가 건너고 있는 사막과 똑같은 사막을 건넌 경험이 없는 유목민이다. 하지만 자기 나름대로 사막을 몇 번 건넌 경험이 있기 때문에 사막을 여행할 때 꼭 지켜야 할 규칙을 알고 있다. 그들은 인생이 산과 같지 않다는 사실을 깨달은 사람들이다. 유목민들은 혼자가 되는 법과 도움을 구하는 방법을 알고 있다. 그리고 자기가 인생에 대한 모든 답을 다 알고 있지 않다는 것도 알고 있다.

이런 종류의 유목민은 어디서든 만날 수 있다. 이웃 사람, 배관공, 사촌, 또는 길 건너는 것을 도와 줘서 고맙다며 차 한 잔 하러 오라고 초대하는 할머니 등등. 유목민들은 겸허하다. 겸허해지는 과정을 겪었기 때문에 더욱 인간적인 사람들이기도 하다. 누군가에게서 유목민의 기운이 느껴지면, 이 사람이 바로 유목민이라는 생각이 들면, 그에게 지금까지 겪었던 일 중에서 가장 겸허한 마음이 되게 했던 사건은 무엇이며, 그로부터 무엇을 배웠는지 물어보라. 답을 들으면 내 직감이 맞았음을 확인할 수 있을 것이다.

세 번째 유형은 다른 사람들이 변화의 사막을 건너는 데 길잡이 역할을 할 수 있도록 훈련받은 전문적인 유목민이다. 『사람들이 잘 가지 않는 길을 따라서 : 정신적인 성장을 향한 끝없는 여행』이라는 책에서 저자 스콧 펙은 심리 치료사가 하는 일을 이렇게 묘사하고 있다. "나는 환자들에게 내가 그들을 내면의 우주로 안내하는 사람이라고 말한다. 내가 그들의 우주를 가본 적이 있기 때문이 아니라 그 우주를 탐험하는 데 필요한 몇 가지 원칙을 알고 있기 때문이다."

상담원, 치료사, 심리학자, 인생을 지도해 주는 코치, 성직자, 이맘(이슬람교에서 예배를 관장하는 성직자), 랍비(유대인 율법학자)와 같은 전문적인 유목민들은 내적 세계를 탐험하는 규칙을 교육 받은 사람들이다. 진짜 변화가 일어나는 곳은 바로 우리의 내적 세계 안에서다. 우리는 때로 사막을 건너기 위해 또는 캠프파이어에서 멀어지기 위해 안내자를 고용해야 한다. 나는 원칙을 알고 있을 뿐 아니라 그 원칙을 활용해서 스스로 사막을 건너 본 안내자, 또한 내 뒤에서 길 안내를 해주는 전문적인 유목민이 좋다. 내가 현재 있는 곳을 자기가 알고 있다고 생각하며 이를 증명할 지도를 들고 항상 예정된 어떤 길을 가라고 하는 사람보다는 내 뒤를 따라오면서 필요할 때 안내를 해주는 사람이 좋다. 스콧 펙은 이렇게 말했다. "심리 치료를 하다 보면 모든 사람의 내적 세계가 다 다르다는 것을 알게 된다."

유목민은 우리가 변화의 필요성을 느낄 때 또는 캠프에서 멀어져야겠다고 생각할 때 나타난다. 아주 우연한 인연에 주의를 기울여 보자. 은행에서 바로 내 옆 줄에 서 있는 사람, 동료가 권하는 책, 우리 마을에 찾아온 연사, 친구가 권해 준 치료사. 그 어느 누구든 여러분을 캠프파이어에서 먼 곳으로 데려갈 유목민일 수 있다.

마지막으로 우리는 스스로 유목민이 된다. 변화의 사막을 건너는 방법을 알고 있는 유목민을 내 안에서 발견하는 것이다. 캠프파이어

에서 한 발짝 떨어질 시간이 되었다면 내가 나 자신을 안내할 준비
도 된 것이다. 눈이 어두움에 적응하면 내 안에 있던 유목민의 눈이
환하게 앞을 비추어 나아가야 할 길이 보일지도 모른다.

       동쪽 산맥에서 해가 떠오르면서 햇볕이 찌르듯이
나를 관통하는 느낌 때문에 잠에서 깨어났다. 탤리스는 어떤 환경에
서도 잠을 잘 자는 축복받은 사람이다. 뜨거운 태양열이 피부를 찔
러 대는데도 저렇게 쿨쿨 잘 수 있다니. 그가 부러웠다.
  압둘과 투아레그 일행을 찾아가 봐야겠다는 생각이 들었다. 나는
밤 사이 부츠를 침대 삼아 자고 있던 전갈을 내쫓기 위해 부츠를 집
어 거꾸로 들었다. 그러자 종이 한 쪼가리가 떨어졌다. 압둘이 남긴
쪽지였다. 다른 유목민들로부터 국경이 열렸다는 소식을 듣고 아침
일찍 길을 떠난다는 내용이었다. 그는 우리에게 행운을 빌어 주었다.
  나는 탤리스를 깨우고 신속하게 짐을 싸서 오아시스까지 걸어갔
다. 타만라세트 변두리의 칙칙한 낙타 시장에서 우리는 발을 멈추었
다. 대추를 싣고 있는 화물 트럭이 눈에 들어왔다. 전통 의상을 멋지
게 차려 입은 한 아랍인이 반짝이는 도요타 랜드크루저에 기대어 대
추 싣는 작업을 지켜보고 있었다.
  이 아랍인에게 물어보니 정말 국경선이 다시 열렸다고 했다. 그는
이 트럭이 곧 마지막 오아시스인 아가데즈로 떠날 것이라고 했다.
자기는 랜드크루저를 타고 트럭을 따라갈 것이라고 말하면서 환하

게 웃었다. 또 돈을 내면 두 명 정도는 태울 수 있고, 차에는 에어컨 디셔너까지 있다고 했다. 여비의 반은 지금 내고 나머지는 아가데즈에 도착하면 달라고 했다. 우리는 얼른 계약했다. 장뤽이 주고 간 돈이 우리를 구했다.

우리는 작은 야자수 밑에 자리를 잡고 마지막 짐을 싣는 모습을 지켜보았다. 오아시스에서는 소문이 빨리 퍼진다. 피부가 까무잡잡하고 예쁘게 생긴 이십 대 아가씨가 우리 곁으로 다가왔다. 벨기에에서 왔는데, 국경이 닫힐 때 발목이 잡힌 친구들한테 편지를 전해 달라고 부탁했다. 나는 기꺼이 전해 주겠다고 하며 편지를 받아 들고 잊어버리지 않게 내 여권에 잘 끼워 넣었다.

대추를 다 싣고 나자 커다란 방수천이 화물 위에 씌어졌다. 그러자 어디선가 열 명 이상의 투아레그인들이 갑자기 나타나 트럭의 옆으로 기어 올라갔다. 낙타가 아닌 트럭 화물 위에 투아레그인들이 진을 치고 앉아 있는 모습은 조금 이상해 보였다. 우리는 이것이 곧 출발한다는 신호라고 생각하고 아랍인이 나타나기만을 기다렸다.

투아레그인들은 차가 당장이라도 떠날 것처럼 오후 내내 그렇게 똑바로 앉아 있었다. 해가 지고 기온이 급격히 떨어져서 추워지자 우리는 짐을 열고 옷을 찾기 시작했다. 그때 갑자기 랜드크루저의 문이 쾅 하며 닫혔다. 시끄러운 디젤 모터가 돌아가면서 헤드라이트 불이 들어왔다. 다시 짐을 다 싸기도 전에 차는 사막으로 향해 치달았다. 그러고 나서 트럭에도 시동이 걸렸다. 기어 소리를 요란하게 울리면서 앞으로 한 3미터쯤 흔들흔들 가던 트럭이 갑자기 멈춰 섰다. 운전사가 우리 쪽을 쳐다보며 공중에 엄지손가락을 쳐들고 "Montez! 타요!"라고 외쳤다. 트럭이 움직이기 시작했다.

탤리스와 나는 어안이 벙벙해져 서로를 쳐다보았다. 우리가 잘못 들은 것이 아니었다. Montez란 '올라타라'라는 뜻이었다. 우리는 랜드크루저가 아닌 트럭 화물 위에 올라타고 아가데즈까지 가게 된 것이다.

우리는 냅다 달려서 트럭의 옆쪽으로 올라갔다. 화도 나고 씁쓸한 심정으로 트럭 한 귀퉁이에 매달려서 우리가 과연 얼어죽을 것 같은 사하라 사막의 밤을 이 트럭에 매달려 갈 수 있을지 생각해 보았다. 나는 이런 식의 여행을 할 준비가 전혀 되어 있지 않았다.

캠프파이어를 벗어나면 우리가 예상하지 못했거나 어쩔 수 없는 일들이 일어난다. 그렇기 때문에 우리는 고통스런 현실 속에 그대로 안주한다. 현실은 고통스러울지라도 최소한 예상은 할 수 있으니 말이다. 고통스런 현실은 사막의 어둠보다는 덜 무섭다. 그래서 지겹고 스트레스를 받는 직장 생활을 계속하고, 불행한 관계도 그냥 참고 지내며, 친숙하고 오래된 믿음이나 태도를 계속 유지한다. 벗어나야 할 때가 코앞에 닥쳐도 그러질 못한다. 우리가 캠프파이어에서 멀어지지 못하는 이유는 그에 앞서 준비가 되어 있어야 한다고 믿기 때문이다. 손전등과 사냥용 칼이 있어야 하는 것이다.

나의 성姓은 사나워 보이는 독수리, 늑대 그리고 칼을 휘두르는 기사가 새겨진 문장紋章을 가지고 있다. 굉장히 용맹해 보이지만, 라틴어로 이런 모토가 씌어져 있다. '*Nunquam Non Paratus*(항상 준비하라).' 때때로 내가 이 모토를 개인적 신조로 삼았다는 생각이 든다.

결혼하고 얼마 되지 않아 나는 아내와 캠핑을 갔다. 나는 캠프파이어 주변에서 낭만적인 밤을 보내기 위해 포도주까지 한 병 준비했다. 신부는 좋다고 고개를 끄덕였다. 하지만 보호 안경을 본 그녀는 어디에다 쓸 거냐고 물었다. 나는 부끄러워하면서 불꽃 때문에 눈이 멀고 싶지 않아서 준비했다고 털어놓았다. 한번 상상해 보라. 서로 사랑하는 젊은 남녀 한 쌍이 아름다운 여름날 저녁, 캐나다의 숲 깊숙한 곳에 자리잡고 앉아 탁탁 튀는 불 옆에서 껴안고 포도주를 한 잔 들이키며 서로 갈망하듯 바라본다, 보호 안경 너머로. 나는 모든 것을 완벽하게 준비했다. 심지어 캠프파이어가 내 눈을 잡아 먹을까 봐 보호 안경까지 준비했으니.

산이 많은 나라에 살 때 나는 항상 준비된 삶을 살았다. 브리티시 컬럼비아는 사람들이 쉽게 오를 수 있는 아름다운 산지들이 많이 있다. 나는 3킬로미터가 최적의 높이라고 생각했다. 그 정도 높이면 빙하와 고산 초원을 볼 수도 있고 회색곰과 마주칠 수도 있다. 나는 곰을 쫓는 약을 꼭 챙긴다. 또 지형도와 구급약, 등반 도구도 잊지 않았다.

갑판을 다시 짓는 일이건 책을 연구하는 일이건 나는 프로젝트에
착수할 때 완전한 준비 단계를 거친다. 진짜 산이건 은유적인 의미
의 산이건, 산에서 준비를 하지 않는 것은 현명하지 못한 일이다. 하
지만 캠프파이어에서 멀어져야 하는 사람들에게 '항상 준비하라'
는 잘못된 신조다. 그것을 신조로 삼는다면, 더 이상 효과가 없는 것
도 단지 친숙하다는 이유로 계속 고집하게 될 것이다.

항상 준비되지 않은 상태로 지내기

캠프파이어 곁을 떠나려는 우리에게 필요한 신조는 'Semper Non
Paratus(항상 준비되지 않은 상태로 지내기)'이다. 인생의 사막에 대비
해서 완벽하게 준비를 한다는 것은 불가능하다. 스스로에게 물어 보
라. 결혼할 준비가 완벽하게 된 상태에서 결혼을 했던가? 아이를 낳
아서 기를 준비가 된 상태에서 아이를 낳았던가? 해고당할 때 새로
운 직장을 찾을 준비가 되어 있었던가? 내가 문자 그대로 언제나 준
비가 되어 있지 않다는 사실을 받아들이고 나면 캠프파이어에서 떠
나는 것이 쉬워진다. 준비가 되어 있지 않다는 것을 아는 순간 우리
는 변화 단계 이전에 발생하는 모든 위기 상황에 대처할 준비를 하
고 있을 필요가 없어진다. 일을 제대로 하지 못했을 때, 실수를 했을

때, 그리고 끔찍한 실패를 했을 때 스스로에 대해 조금은 관대해질 수 있다.

항상 준비되지 않은 상태로 있는다는 것이 무사안일주의에 빠져 무책임하거나, 알면서도 위험한 상황으로 치닫는 것을 의미하지는 않는다. 그것은 우리를 책임감에서 완전히 해방시켜 줄 새 시대 슬로건이 아니다. 그것은 익숙한 캠프파이어에서 벗어나서 인생이라고 하는 사막의 불확실성을 좀더 쉽게, 덜 두려운 마음으로 그리고 대담하게 맞는 마음가짐이다.

그렇다고 이것이 아무런 준비도 하지 않는다는 의미는 아니다. 지금의 직장을 떠나서 새로운 일을 찾고 싶다면 저축도 좀 해두고 직업 상담사도 만나 보고 다시 직업 훈련을 받는 것이 좋다. '항상 준비되어 있지 않기'는 익숙하지 않은 새로운 것에 직면하기 전에 모든 상황에 대해 완벽하게 준비해 두려는 마음 자세를 반대하는 슬로건이다. 이제 막 탐험을 시작하려고 하는 사막의 지도를 만드는 데 너무나 많은 시간과 힘을 허비할 수도 있다.

캠프파이어에서 멀어지는 데 도움이 되는 간단한 방법을 연습해 보자. 먼저, 캠프파이어의 정체를 밝힌다. 내가 손에서 놓아야 할 것은 무엇인가? 둘째, 변화라고 하는 사막의 어두운 밤으로 가기 전에 준비하고 싶은 모든 것과 계획을 써본다. 셋째, 현실적으로 그러한 계획을 모두 실행하는 것이 가능한가를 자문해 본다. 넷째, 2단계의 준비를 마치면 모든 것이 순조롭게 돌아갈 수 있을지 자문해 본다.

세 번째, 네 번째 질문에 대해서 '아니'라고 답을 했다면 준비하지 않기라고 하는 개념을 생각해 볼 만한 가치가 있다. 그러면 지도도 없이 아무 보장도 없이 모험을 할 준비를 할 수 있게 될 것이다.

　　　내가 트럭 옆에 딱 붙어 있는 동안 트럭은 속도를 내기 시작했다. 나는 운전석 가까이에 있는 임시 사다리 쪽으로 다가갔다. 내가 매달려 있는 곳에서 탤리스의 모습은 보이지 않았지만, 아마 반대쪽에 있는 것 같았다. 나는 사다리를 올라탄 후 오른쪽 무릎을 트럭의 옆구리 맨 위쪽에 걸었다. 하지만 그곳에는 앉을 만한 공간이 없었다. 울퉁불퉁한 화물 꾸러미 위에 그나마 앉을 만한 곳은 이미 투아레그인들이 다 둥지를 틀고 앉아 있었다. 나는 그제서야 투아레그인들이 그 뜨거운 태양 아래에서 꼼짝도 하지 않고 거기에 앉아 있었던 이유를 알아차렸다. 앉을 공간을 확보해 두기 위해서였다.

유목민 두세 명이 내 쪽을 가리켰다. 나를 놀리고 있는 것 같았다. 하지만 나는 조롱을 참을 기분이 아니었다. 얼어죽을 것 같은 사막의 밤 추위 속에서 밤새 내내 트럭에 매달려 갈 생각만으로도 이미 내 기분은 엉망진창이었다. 그들은 나에게 소리를 지르기 시작했고 나는 되받아 소리쳤다. 바로 그때였다. 저쪽 편에서 탤리스가 머리를 쑥 내밀고는 "머리 숙여"라고 외쳤다.

몸을 돌려보니 오아시스 외곽의 사하라 사막에서 발견할 수 있는 유일한 낙엽수가 눈에 들어왔다. 거의 남자 다리 두께만한 나뭇가지가 수평으로 걸린 채 시속 60킬로미터의 속도로 내 쪽으로 다가오고 있었다. 나는 급히 몸을 피했지만 역부족이었다. 결국 나는 머리 위쪽을 크게 얻어맞았다. 그나마 사람들이 경고를 해주고 내가 머리를 숙인 덕분에 참수형이 될 뻔한 사건이 창피한 충돌 사고로 끝났다. 이제 투아레그 사람들은 정말 나를 비웃기 시작했다.

나무에 부딪히는 바람에 청록색 모슬린 옷감으로 만들어 머리에 쓰고 있었던 임시변통 세슈가 풀려 트럭 뒤쪽으로 날아가 버렸다. 그나마 내 머리를 따뜻하게 해줄 수 있었던 유일한 물건이 날아가 버린 것이다.

뒤쪽에 앉아 있던 투아레그족이 나에게 손짓을 해 보였다. 나는 대추 더미를 가로질러 기어가기 시작했다. 유목민들이 자리를 조금씩 움직여서 내가 지나갈 수 있도록 해주었다. 내가 도착하자 그는 내 세슈를 주었다. 누군가 날아가는 세슈를 붙잡아서 둘둘 말아 놓았던 것이다. 그는 내게 앞을 바라보는 자세로 자기 앞에 앉으라는 시늉을 하였다. 그가 말하는 대로 자리에 앉았을 때 나는 사막에 나무가 적어도 두 그루는 있다는 사실을 깨달았다. 내가 다른 유목민들과 박자를 맞추어 몸을 구부리자 그는 나를 더 눌러 주었다. 트럭 운전사는 인간 화물에 대해서는 전혀 신경 쓰지 않는 것처럼 보였다.

내가 몸을 바로 펴자 그 유목민은 천 끝을 잡고 내 머리를 감싸더니 그 한 쪽을 내 입으로 물고 있으라는 시늉을 했다. 그는 멍이 든 채 차갑게 식어 있는 내 머리에 천을 둘러 주었다. 처음에는 내 상처를 치료해 주는 것으로 생각했다. 그러나 그가 손을 멈추었을 때 내 머리에는 투아레그식으로 셰슈가 둘러져 있었다. 내가 입으로 물고 있던 부분은 위로 올리거나 내릴 수 있게 되어 있었다. 이제 이 셰슈가 모래 폭풍으로부터 내 얼굴을 보호해 줄 것이었다.

나는 트럭 한쪽에 붙어 있는 사다리 옆으로 다시 돌아가기 위해 기어가기 시작했다. 그러자 그가 내 어깨를 붙잡았다. 이제 나도 앉을 공간이 생긴 것이다. 투아레그인들이 몇 마디 주고받더니 짐과 사람들을 다시 배치하기 시작했다. 탤리스를 위한 공간까지 마련한 것이다. 우리는 끝없이 펼쳐진 별들 아래 까만 밤을 향해 질주했다. 트럭이 방향을 바꾸고, 기어를 바꾸고, 낮게 걸린 나뭇가지 밑을 달릴 때마다 우리 모두는 거기에 맞추어 전위적인 발레를 하는 것처럼 몸을 흔들었다.

　　　　인생에서 느닷없이 날아오는 타격을 피하는 것은 불가능하다. 아무리 준비를 잘 해놓고 있어도, 아무리 신중하게 계획을 세워도 뜻하지 않는 곳에서 나뭇가지가 튀어나와 머리를 후려 갈기기도 한다. 유목민처럼 셰슈를 한 덕분에 나는 모래 폭풍으로부터 머리를 지킬 수 있었다. 하지만 트럭을 타고 달리던 첫날 밤 내가 배운 가장 귀한 교훈은 바로 언제 몸을 숙여야 할지를 알아야 한다는 것이었다.

미지의 장소로 가면 어떤 일이 일어날지 아무도 모른다. 모든 문제나 절망스러운 상황에 대해 완벽하게 미리 준비하는 것은 불가능하기 때문에 언제 몸을 숙여야 할지를 배워야 한다. 불쾌한 일이 발생하면 태도를 바꾸어서 부정적인 상황을 긍정적으로 전환할 수 있어야 한다. 최소한 그냥 한 대 얻어맞는 것으로 끝날 수 있도록 태도를 바꿀 수 있어야 한다.

언제 몸을 숙여야 할지 배우기

전문적인 연사로 직업을 바꾸던 시기에 나는 잘 나가던 기업 건강진단 연사일에서 한 걸음 뒤로 물러선 적이 있다. 처음 연설을 끝내고 나서 누군가가 청중들에게 평가지를 나누어 주라는 제안을 하였다. 대부분의 평가가 긍정적이었지만 부정적인 언급이 하나 있었다. 그 한 개의 부정적인 언급 때문에 나는 기가 꺾이고 말았다. 나는 무엇이 잘못되었는지에 대한 답을 찾는 데 집착하며 자신감을 잃었다. 초보 연사에게 꼭 필요한 것은 자신감이다. 나는 스스로 자신감을 회복하는 것이 다른 사람들의 의견을 듣는 것보다 더 중요하다고 생각했다. 그래서 그 후로 몇 달 동안 평가지를 나누어 주지 않았다. 그때 나는 아직 매 맞을 준비가 되어 있지 않았고, 그래서 몸을 숙인 것이다.

몸을 숙이는 것은 사막에서 살아가는 데 필요한 기술이다. 몸을 숙여서 효과를 보고 나면 캠프파이어에서 멀어지기가 쉬워진다. 다른 사람의 평가를 피함으로써 나는 연사로 전업한 첫해 많은 발전을 이루고, 연사로서의 직업 세계에 더욱 깊이 들어갈 수 있었다.

새로운 일을 시도하고 친숙한 것으로부터 멀어져 용감하게 모험을 하려고 할 때는 다른 사람의 충고나 비판 또는 평가를 피해야 한다. 때때로 스스로의 자아 비판이나 판단도 피해야 한다. 사람들은 자기 자신에 대해서는 더 엄격해지기 쉽다. 자신이 한 일에 대한 스스로의 비판 한 마디가 다른 사람이 작성한 평가서보다 더 해로울 수도 있다. 하지만 사막을 여행하는 데 필수적인 '바람 빼는' 작업을 피하라는 말은 아니다. 겸허해져야 할 때가 되면, 상실한 것을 받아들여야 할 때가 되면, 자아에서 공기를 빼야 한다. 그렇게 해야 다시 앞으로 나갈 수 있다.

때로 우리는 자기의 캠프파이어 주변에서 몸을 숙인다. 불꽃이 날아다니면 보호 안경을 쓰고 그 친숙한 고통 쪽으로 더 몸을 숙인다. 이는 건강이 나빠졌을 때 나타나는 징후를 무시하고, 사랑이 식어버렸을 때 아무것도 하지 않는 것과 같다. 이런 식의 몸 사리기는 '거부'이다. 이렇게 되면 우리는 캠프파이어로부터 멀어져야 할 때 오히려 계속 더 가까이 가게 된다. 중요한 것은 몸을 숙여야 하는 그 순간을 아는 것이다. 이를 위해 다음과 같은 자문을 해본다. 이 쇼크를 피하면 사막으로 더욱 깊이 들어갈 수 있을까? 아니면 여행을 중단하게 될까?

캠프파이어에서 한 걸음 떨어지는 것은 사막을 여행하는 데에 꼭 필요한 중요한 규칙이다. 캠프파이어에서 물러나면 변화의 사막을 건널 수 있다. 더 중요한 점은 그렇게 함으로써 허상의 국경에 도착했을 때 우리에게 필요한 용기와 신뢰를 키울 수 있다는 것이다.

사막은 끝이 없지만, 종종 진정한 휴식을 안겨주는 경계선이 있다.
남편을 잃은 여인이 일 년 만에 처음으로 웃었을 때,
새 직업에 적응하고 비로소 휴가를 가게 되었을 때,
아이가 학교에 들어갈 때, 집을 떠나 독립할 때 …
진정한 경계선을 건너고 나면 또 다시 새로운 여행이 시작된다.

6

허상의 국경에서
멈추지 말라

트럭은 차가운 사막의 밤공기를 뚫고 몇 시간 동안 계속 달렸다. 트럭이 마침내 멈추어 섰을 때는 이미 자정이었다. 트럭이 멈추자 모든 사람들이 모래 위에 담요와 침낭을 폈다. 다음날 아침, 운전사는 다시 "Montez!"라고 외쳤다. 우리는 트럭에 올라탔고 트럭은 남부 사하라의 텅빈 공간을 향해 달리기 시작했다.

낮이었지만 새로운 어둠, 모래 폭풍이 다가왔다. 끊임없이 불어오는 시꺼먼 바람이 해를 가려 버려 가시 거리가 6미터밖에 되지 않았다. 트럭은 하루 종일 어스름하게 앞이 잘 보이지 않는 상황에서 천천히 기어가듯 달렸다. 탤리스와 나는 교대로 담요 밑에 들어가 앉아서 쉴 새 없이 몰아치는 가혹한 모래 폭풍을 피했다. 밤이 되자 폭풍이 잦아들었다. 다음날 아침 모래 폭풍은 아침과 함께 돌아왔다.

랜드크루저는 코빼기도 보이지 않았고, 우리는 이제 투아레그인들과 이렇게 트럭을 타고 사막을 건너는 것으로 마음을 접었다.

3일째 되는 날 아침, 날씨가 맑아졌지만 트럭 운전사는 서둘러 떠날 생각이 전혀 없었다. 드디어 캠프를 출발한 지 30분이 채 안 되어서 그는 차를 멈추고 운전석에서 뛰어내렸다. 조그마한 콘크리트 건물이 보이고, 그 건물 양쪽으로 수백 킬로미터에 걸쳐 철조망이 쳐져 있었다. 더 남쪽을 내려다보니 철조망이 이어져 있고 또 다른 검문소가 눈에 띄었다. 들리는 것이라곤 알제리 국기가 바람에 펄럭이는 소리뿐이었다. 운전사는 사다리를 타고 올라와 우리에게 여권을 달라고 했다. 우리는 알제리와 니제르 사이의 국경인 인 궤잠 지역에 와 있었다. 투아레그인들 일부가 눈에 띄지 않았다.

트럭 운전사가 시멘트 초소 쪽으로 걸어가는 동안 나는 이 국경선이 신에게 버림받은 곳이라는 것을 생생하게 느낄 수 있었다. 아무것도 없는 모래 위에 그어진 선 하나. 여기 주둔하고 있는 사람들은 아마 이런 황량한 초소에 배치될 수밖에 없는 뭔가 끔찍한 짓을 저지른 사람들이리라.

초소에서 말싸움 하는 소리가 들려왔다. 검은 머리에 검은 콧수염을 기른 사십 대 알제리 병사가 손에 여권을 들고 트럭 쪽으로 걸어왔다. 운전사는 병사 바로 뒤에 쫓아오면서 아랍어로 무엇인가를 열심히 설명하고 있었다. 투아레그인들은 긴장한 것처럼 보였다. 나는 당황해서 어쩔 줄 몰랐다. 탤리스는 카메라 렌즈를 닦고 있었다. 나는 탤리스에게 카메라를 치우라고 했다. 쓸데없는 일로 국경 수비대 보초의 심기를 건드리고 싶지 않았다.

보초는 승객들을 올려다 보고 여권을 힐끔 보더니 나를 가리키면서 내리라고 했다. 트럭에서 내리면서 문득 타만라세트를 떠날 때 앙드레가 한 말이 떠올랐다. "국경선에서 멈추지 마. 위험하니까."

내가 트럭에서 내려오자 보초는 운전사에게 프랑스어로 뭐라고 말했다. 나를 남겨 놓고 계속 니제르 쪽으로 가라는 것이었다. 그 말을 듣는 순간 입술이 바짝 말랐다. 나는 가까스로 한 마디를 했다. "Pourquoi? 왜죠?"

그는 나를 쳐다보지도 않고 "C'est pour votre sécurité 당신의 안전을 위해서요"라고 말했다.

내 안전을 위해 나를 억류한다고? 말도 안 돼. 그때 그의 손에 벨기에 여자가 내게 부탁했던 편지가 쥐어져 있는 것을 보았다. 나 혼자 남겨지면 무언가 끔찍한 일이 벌어질 것 같았다. 심장이 마구 뛰기 시작했다. 운전사는 다시 운전대를 잡고 시동을 걸었다.

알제리와 니제르 사이에는 자연 상태의 경계선이 없다. 산맥도 없고, 강도 없고, 계곡도 없다. 심지어 부족이나 인종 차원의 경계조차 없다. 니제르가 독립할 때 프랑스 관료들이 그냥 모래 한가운데에 쳐놓은 선이 전부였다. 투아레그인들은 이 국경선 양쪽 모두에 살고 있었다. 그들 다수는 국경선을 완전히 무시하고 고

립된 군사 전초지에서 멀리 떨어진 사막 한가운데를 정기적으로 드나들었다. 유목민들에게 이 국경선은 허상이었다. 국경선이 있어야 할 이유가 없었다.

변화의 사막을 건널 때 우리는 종종 허상의 국경선과 마주치게 된다. 전지전능한 척하는 국경 수비대 보초가 우리를 가로막는 심리적인 경계선에 부딪히는 것이다. 인생에 있어서 경계선은 중요한 전환점이며 진실의 순간이고, 내적으로 엄청난 성장과 치유를 할 수 있는 기회이다.

국경선의 보초는 우리 안에 있는 정신 세계의 일부이다. 허상의 권위에서 나오는 목소리다. 현재의 나와 앞으로 변화한 후의 내 모습을 가르는 경계선을 건너면 통제력을 상실할까 봐 두려워하는 우리 자아의 모습이다. 우리 마음속의 이 보초는 제임스 얼 존스와 같은 권위 있는 목소리로 이야기한다. 이 허상의 국경선은 잘못된 신념과 잘못된 두려움, 그리고 우리가 진실이라고 생각하는 잘못된 가정이 지배하고 있다. 나를 지배하고 있다고 믿는 것이 비합법적이고 그 논리가 잘못된 것일지라도, 그것에 이의를 제기하는 것은 어렵다. 우리를 인질로 잡는 그 국경 수비대원은 우리의 일부이지만, 우리는 그 앞에서 두려움에 떤다.

허상의 국경선에서 경험하는 두려움 때문에 그것이 마치 생과 사를 결정하는 문제처럼 느껴진다. 은유적으로 보았을 때는 정말 그렇다. 앞으로 전진하지 못할 때, 잠재력을 충분히 발휘하지 못할 때 내 안의 일부가 죽는다. 단지 부모를 기쁘게 하기 위해 특정 직업을 선택하는 사람도 있다. 마음속 보초가 당신은 열정을 따라 하고 싶은 대로 하며 살 수 없다고 말하는 것이다. 허상의 국경선에서 멈춰 버리면 열정도 죽는다.

결혼 생활이 끝난 후 내 인생을 되돌아보면서, 나는 내가 성인이 되고 난 후 끊임없이 누군가와 관계를 맺고 그 관계 속에 살아왔음을 깨달았다. 이십 대 후반에 데브라를 만났을 때 나는 진저와 살고 있었다. 어느 날 아침 진저가 집을 나갔고, 그날 오후에 데브라가 들어왔다. 나는 그 사이의 두 시간을 아슬아슬하게 넘기고 살아 남았다.

나는 25년 만에 처음으로 혼자 살아야겠다고 결심했다. 연애도 안 하고, 여자 친구도 없이, 어떤 종류의 관계도 맺지 않고 혼자서 말이다. 하지만 결심과 실천은 별개였다. 생각만으로도 두려웠다. 나는 혼자 산다는 것이 두려웠다. 나는 그때 국경선에 와 있었던 것이다. 어떻게 보면 참 쉬운 일일 수도 있었는데. 몇 년씩이나 심지어는 평생토록 다른 사람과 관계를 맺지 않고 혼자 사는 사람들도 있지 않은가. 몇몇 결혼한 친구들에게는 그때 내가 처했던 국경선이 오아시스처럼 보였을 것이다.

허상의 국경선 구분하기

우리를 가로막는 허상의 국경선은 우리가 터득하지 못한 사막의 규칙들과 연관되어 있는지도 모른다. 우리는 혼자가 되어야 할 순간에조차 그 생각만으로도 두려워 몸을 떤다. 또는 서로 신의를 지키는 친밀한 관계를 두려워할 수도 있다. 공기를 빼야 할 상황을 피하기도 한다. 상처 입은 자존심을 회복하지 못할 것이라고 생각하기 때문이다. 한번은 29년 동안 하루도 쉬지 않고 일한 한 기업가를 만난 적이 있다. 오아시스에서 멈출 수 없었던 이 사람은 항상 과로 상태였고 회사는 잘 돌아가지 않았다. 하지만 그는 자기가 휴가를 가면 회사가 더 어려운 상황에 빠질 것이라고 생각했다.

허상의 국경선에서 빠지는 함정은 제3장에서 기술했던 정체 상태와는 다르다. 정체 상태에 빠지게 되면 종종 두렵기도 하지만 앞으로 나아갈 수 없는 데 대한 좌절감, 지루함, 분노 같은 감정이 따라온다. 하지만 허상의 국경선은 항상 두려움을 낳는다. 이 두려움은 우리가 가지고 있는 잘못된 믿음과 연관되어 있고, 이 잘못된 믿음은 우리의 앞길을 가로막는다. 그에 저항할 용기나 통찰력이 없다면, 그 둘이 합세하여 우리를 사막 한가운데에 가두어 버릴 수도 있다.

허상의 국경선은 허상처럼 보이지 않고, 진짜 우리의 앞길을 가로막고 있는 것처럼 느껴진다. 우리는 그 국경선을 건너면 뭔가 끔찍한 일이 벌어질 것으로 생각한다. 하지만 사실은 그 반대이다. 그 국경선을 넘지 않으면 끔찍한 일이 생기는 것이다. 때로 다른 사람들이 우리가 언젠가는 그러한 상황에 처하게 될 거라고 경고를 해주기도 한다. 우리는 이 진실의 순간을 회피하고 두려워해왔지만 그것은 어느새 다가와 우리의 뒷덜미를 잡는다.

험난하고 어려웠던 결혼 생활을 청산하고 인생을 새로 설계하고 싶어하는 고객이 있었다. 사십 대였고, 아이는 없었으며, 제조업체의 재무 담당 이사로 좋은 직장도 있었다. 하지만 이 여성은 일생 동안 살아왔던 작은 마을을 떠나고 싶어했다. 고향이 답답하게 느껴져서 동부로 떠나 새 친구도 사귀고, 인생을 탐험하며, 어릴 때 이루지 못했던 화가의 꿈도 이루고 싶었던 것이다.

하지만 부모님 곁을 떠나는 것에 죄의식을 느끼고 있었다. 부모님은 건강도 괜찮은 편이고 경제적으로도 안정되어 있었지만 집안의 장녀로서 부모님 곁에 살아야 한다는 의무감을 느끼고 있었다.

나는 대부분의 부모들은 자식이 행복하길 바라기 때문에 그녀가 원한다면 부모님도 쾌히 밀어 주실 것이라고 말했다. 또한 부모님이 도움이 필요하다면 그 마을에 살고 있는 동생들이 있으므로 걱정할 필요가 없었다. 하지만 그녀의 반응은 언제나 똑같았다. "고향을 떠나는 건 부모님을 버리는 것과 같아요."

이런 잘못된 생각이 허상의 국경선을 보여 주는 전형적인 예이다. 허상의 신념이 이 여성이 자기가 원하는 것을 하지 못하도록 가로막고 있었다. 그녀는 자기 안에 있는 보초를 보지 못했다. 그저 두려워할 뿐이었다. 한번은 '부모님 곁을 떠나는 것은 죽는 것보다 나쁜 일'이라고까지 했다. 하지만 이 여성은 떠나지 못해서 죽어가고 있었다.

나는 타만라세트에서 벨기에 여자에게 받았던 편지에 대해서 까맣게 잊고 있었다. 내용을 보지도 않고 그냥 여권에 끼워 두었었다. 하지만 경비대의 손에 그 편지가 들려 있는 것을 보는 순간 나는 그 편지를 들키지 말았어야 했다는 것을 직감했다. 그는 나의 안전을 위해서가 아니라 자기의 안전을 위해 나를 억류하려는 것이었다. 트럭이 움직이기 시작했고, 탤리스는 뭔가 잘못되어가고 있다는 것을 느꼈다. 내가 왜 거기 서 있는지 영문도 모르는 상황에서 탤리스는 나에게 소리쳤다. "트럭에 타, 도나휴. 차 떠난다구."

나는 보초가 내 여권을 포함해 모든 여권을 트럭 운전사에게 돌려주는 것을 보았다. 그것은 내가 국경선에서 잡혔다는 증거를 남기고 싶지 않거나 아니면 나를 놓아 준다는 의미였다.

탤리스가 다시 외쳤다. "빨리 트럭에 올라타라니까. 제기랄."

나는 트럭을 뒤쫓아 달리기 시작했다. 보초가 서라고 외쳤다. "Arrêtez-vous! 서!" 나는 운전석 옆에 있는 사다리를 잡았다. 트럭의 속도 때문에 발이 공중에서 대롱거렸다. 나는 숨을 멈추고 사다리에 매달렸다. 트럭은 철조망을 지나 초소 두 곳 사이의 비무장지대를 향해 달려갔다. 나는 알제리 국경선을 뒤돌아보았다. 보초는 보이지 않았다.

진흙으로 지은 오두막에서 웃음과 함께 서아프리카 음악소리가 쿵쿵 들려왔다. 트럭이 멈춰 서고 녹색 유니폼을 입은 흑인이 오두막에서 나와 트럭 옆으로 올라왔다. 넙적한 코와 아주 곱슬곱슬한 머리로 보아 사막 반대편에서 온 병사 같았다. 몸에 새겨진 부족 특유의 문양을 보니 내 짐작이 맞는 것 같았다. 그는 눈부시게 하얀 이를 드러내고 웃으며 우리가 서아프리카에 온 것을 환영한다고 말했다. "Bienvenue à Niger. 니제르에 오신 것을 환영합니다." 나는 한 시간 만에 처음으로 숨을 쉬는 것처럼 느껴졌다. 그 병사는 차에서 뛰어내리면서 트럭의 옆 부분을 두 번 쳤다. 가도 좋다는 신호였다. 트럭은 니제르 쪽 사하라로 속도를 내어 달렸고, 아프리카의 리듬이 담긴 음악과 웃음소리는 멀어져 갔다.

3, 4킬로미터 정도 달렸을 때 투아레그인들이 기를 흔들어 트럭을 세웠다. 바로 트럭이 국경선에서 멈추었을 때 사라졌던 사람들이었다. 그들은 철조망을 넘어 걸어왔던 것이다.

트럭이 덜커덩거리며 남쪽으로 달려갈 때 모래 폭풍이 사정없이 우리를 후려쳤다. 큰 마을을 지나가는 동안 바람이 잦아들었고 모래 바람으로부터 얼굴을 보호하기 위해 손과 베일로 얼굴을 가리고 이리저리 뛰어다니는 사람들이 보였다. 몇 분 후 나는 그곳이 마지막 오아시스인 아가데즈라는 것을 알았다.

트럭은 대형 정차장에 들어섰다. 한 유럽 여자가 우리에게 다가오더니 국경선에 대해 물었다. 그녀의 프랑스어에는 벨기에 억양이 묻어 있었다. 그러자 나는 편지가 떠올랐다. 나는 국경선에서 있었던 일과 편지에 대해 이야기해 주었다. 이야기를 듣고 여자는 울기 시작했다. 그녀는 울음을 삼키며, 국경선이 닫힐 때 국경 수비대가 일행을 가두었다고 말했다. 이틀 후 보초가 그녀의 친구들인 남자 하나와 여자 하나를 데리고 갔다. 총성이 들렸다. 친구들이 돌아오지 않자, 그녀는 혼자 감옥에서 탈출했다. 니제르까지 온 후에 지나가던 차를 얻어 타고 아가데즈까지 왔다고 했다. 그녀는 북쪽으로 가는 대규모 행렬에 끼어 국경선으로 다시 가보고 싶다고 했다. 거기서 수비대를 만나 친구들을 찾아 보겠다는 것이었다. 나는 그녀에게 행운을 빌어 주고 앉았다. 그리고 갑자기 심한 무력감을 느꼈다.

국경선의 보초는 모래에 선을 그어 놓고는 "감히 건널래?"라고 윽박지르는 악당들과 같다. 우리는 용감하게 국경선을 건너야 한다. 내가 트럭을 향해 달렸을 때 나는 보초의 허세에 도전한 것이다. 그에게는 내 여권이 없었으며, 내게 총을 쏘기에는 보고 있는 눈이 너무 많았다. 사하라 사막에서나 실제 인생에서나 허상의 국경선은 미적거리며 머물기에는 너무 위험한 곳이다. 허상의 국경선에서 멈추는 것이 보초에게 대드는 것보다 더 위험하다는 것을 깨닫는 순간, 우리는 도전할 준비가 된 것이다. 그 보초의 허세를 깨달은 것이다.

40대 초반에 다시 공부를 시작하려는 부부를 만난 적이 있다. 중년에 이직의 사막에 선 그들은 동유럽에서 의과대학을 다니며 학업을 시작하려 하고 있었다. 그들에게는 극복해야 할 장애물이 많았다. 경제적인 문제도 있었고, 고등학교에 다니는 딸아이들도 있었으며, 의과대학 공부를 해낼 수 있을 만큼 정신 단련이 되어 있지 않은 것 같다는 의구심도 품고 있었다. 하지만 무엇보다 가장 큰 장애물은 이들의 머릿속에 있었다. 그 두 사람은 모두 잘못된 믿음을 가지고 있었다. 이들은 마음 속에서 울리는 두려움 중에서 가장 큰 두려움에 귀를 기울였다. 빌의 마음속에 있는 국경 수비대는 이렇게 말했다. "의사가 되기에는 너무 나이가 많아." 패티의 수비대는 "딸아이들한테는 아직 엄마가 필요해"라는 말로 그녀의 열정에 찬물을 끼얹었다.

하지만 그들은 오래지 않아 잘못된 믿음 뒤에 가려진 진실을 발견했다. 빌은 '의사가 되기에 너무 나이가 많은 것'이 아니라 '꿈을 버리기에는 너무 젊다'는 사실을 깨달았다. 패티는 많은 생각을 한 후에 '딸아이들은 내가 직업인으로 성공하는 것을 보고 싶어한다'는 결론을 내렸다. 그래서 그들은 집을 팔고 짐을 싸서 아이들과 함께 프라하로 이주했다. 우리가 진실이라고 믿는 가정과 믿음에 도전하는 것은, 바로 국경 수비대의 허세에 도전하는 것과 같다.

국경 수비대의 허세에 도전하기

허상의 국경선에서 멈춰 섰을 때 머릿속에서 가장 크게 들리는 목소리, 가장 강력해 보이는 그 믿음은 잘못된 신념이다. 이 잘못된 신념에 도전을 해야 한다. 내 상담 고객 세리의 경우, 어떤 잘못된 믿음이 그녀의 길을 가로막고 있는지 찾아내기는 쉬웠다. 그 목소리는 너무나 커서 세리는 만날 때마다 이런 말을 되풀이했다. "내가 부모님 곁을 떠나면 그건 부모님을 버리는 것과 같아요." 이 허상의 경계선이 진짜처럼 느껴지는 이유는 그것이 부분적으로 진실을 내포하고 있기 때문인데, 문제는 그 진실마저도 왜곡되어 있다는 것이다. 세리가 안고 있는 문제는 버림의 문제였다. 그러나 과연 진짜 버려지는 것은 누구일까? 진실을 알아내기 위해 그녀가 안고 있는 문제를 다른 문장으로 표현해 보기로 했다. 그리고 우리는 '계속 이곳에 머물면 내가 나를 버리는 것이다'라는 진짜 진실을 발견했다.

그 누구와도 관계를 맺지 않음으로써 일시적인 은자가 되는 데 대한 두려움과 씨름할 때 나는 내 안에서 울리는 가장 큰 목소리가 무엇인지, 나 혼자 살 수 없도록 만드는 가장 깊은 믿음이 무엇인지 알아내기 위해 노력했다. 그 목소리는 "나는 다른 사람과 관계를 맺고 있지 않으면 온전하다고 느끼지 못한다"라고 말하고 있었다. 나는 여기에 혹시 왜곡된 진실이 숨어 있는 것은 아닌지 고민했다. 진실은 온전함에 관한 것이었는데, 나는 이를 거꾸로 생각해 보았다. 나는 내 스스로 온전하다고 느끼지 못하는 한 다른 사람과 건전한 관계를 맺을 수 없다는 것을 깨달았다. 온전함을 찾는 것은 나 혼자 해야 할 일이었다. 나는 국경 수비대를 밀어 내고 은자의 동굴로 향했다.

이승과 저승을 구분 짓는 육체적인 죽음은 진짜 존재하는 경계선이지만, 죽음에 관해 우리가 가지고 있는 믿음에는 허상의 경계선이 많이 존재한다. 죽는다는 사실을 인정하면 삶이 두려움으로 가득 차게 될 것이라고 생각하는 사람들이 많다. 하지만 사실은 정반대이다. 인생이라고 하는 이 여행이 종국에는 끝난다는 사실을 받아들이는 순간 우리의 인생은 더욱 활기를 띠게 된다.

나는 내 친구 스티브가 이 경계선에 다다랐을 때 옆에서 지켜보았다. 스티브는 자기가 암과의 전쟁에서 이기고 있다고 믿고 싶어했다. 나의 가장 친한 친구의 머릿속에서 울리는 목소리는 "우리가 이길 거야"라고 말하고 있었다. 하지만 이기고 있는 쪽은 스티브가 아니라 암이었다. 나는 그가 살 날이 얼마 남지 않았을지도 모른다는 사실을 받아들이고 남은 시간을 좀더 충만하게 살기를 원했다. 나을 것 같지는 않았지만, 나는 스티브의 병이 낫기를 기도했다. 또한 그가 죽음이라고 하는 허상의 경계선을 건널 수 있는 용기를 갖게 해달라고 기원했다. 나는 스티브가 용감해지기를 바랐다. 스티브가 용감해진다면 내 차례가 되었을 때 나도 용감해질 수 있을 것이다.

스티브가 나에게 러스를 불러 달라고 했을 때 나는 그가 허상의 경계선을 넘어섰다는 것을 느꼈다. 러스는 스티브의 고등학교 친구로 나는 그를 한 번도 만난 적이 없었다. 그러나 스티브와 러스가 크게 한 번 싸우고 난 이후 몇 년 동안 소식을 끊고 지냈다는 사실을 알고 있었다. 죽어가고 있음을 받아들이고 난 후 스티브는 자기 자신에게 정말 중요한 것이 무엇인지를 분명하게 볼 수 있게 되었다. 바로 친구들이었다. 살 수 있는 시간이 불과 몇 주밖에 남지 않은 시점에서 스티브는 새로운 나침반 바늘을 찾은 것이다. 남은 기간 동안 그는 아주 평화스럽게 살았다.

때로 우리는 우리를 경계선에 가두어 두는 잘못된 믿음을 분명하게 인식하지 못한다. 두려움이 우리의 이성을 가렸거나, 아니면 그 상태에 너무 몰입해서 진실과 진실이 아닌 것을 구분해 내지 못하기 때문이다. 하지만 우리는 그래도 국경선 보초의 허세를 알아보고 그에 도전할 수 있어야 한다. 이때 우리에게 필요한 것은 신념과 용기이며, 때로는 상담사의 지원이나 나를 향해 트럭으로 뛰라고 외쳤던 탤리스와 같은 친구의 격려가 필요하다. 허상의 경계선을 넘고 나면 그곳에 더 심오한 진실이 있음을 깨닫기 위해 신념이 필요하고, 그 것을 향해 달려가기 위해 용기가 필요한 것이다.

아가데즈는 두 개의 세상이 서로 만나는 곳이다. 형형색색 꽃무늬 셔츠와 드레스를 입은 서아프리카의 마을 사람들, 그리고 파스텔톤의 하늘색과 흰색 옷을 걸친 투아레그족이 뒤섞여 있다. 하지만 오아시스를 가로질러 불어오는 모래 폭풍 바람은 여기가 아직도 사하라 사막이라는 것을 일깨워 준다. 벨기에 여인이 친구들에게 생긴 일을 이야기해 주었을 때 나는 새삼스레 국경선에서 내가 얼마나 위험한 상황에 처했던 것인지를 깨달았다. 그런데도 나는 이제 또 다른 국경선, 사하라 사막의 끝에 가고 싶어 몸살이 날 지경이었다.

우리는 니제르의 수도 니아메로 향하는 덤프트럭을 발견했다. 가는 길은 고문과도 같았다. 빨래판 도로로부터 전해 오는 충격을 흡수하기 위해 무릎을 구부리고 앉아 꾹 참는 수밖에 없었다. 운전사는 두세 시간마다 멈추었고, 우리는 그때마다 밖을 보기 위해 고개를 기웃거렸지만 경치는 어디나 비슷비슷했다. 어디를 가든 먼지를 뒤집어쓴 서아프리카 마을에 앙상하게 마른 아이들이 'un cadeau (선물 하나)'를 달라고 졸랐다. 하지만 우리는 짐을 뒤져서 볼펜이든 뭐든 줄 만한 것을 찾아볼 그런 기분이 아니었다. 트럭을 타고 사막을 가로질러 온 힘든 여정 덕분에 우리는 웃을 힘도 없었다.

저녁이 되자 도로의 울퉁불퉁한 느낌이 조금 덜했다. 트럭이 멈추어 섰을 때 우리는 마을 사람들이 식사 준비를 위해 불을 지피고 저녁을 먹는 모습을 보았다. 나는 처음으로 서아프리카의 북 소리를 들었다. 사막을 벗어난 것인지는 잘 알 수 없었다. 너무 어두워서 풍경이 보이지 않았다. 하지만 뭔가 느낌이 달랐다.

트럭은 밤새 달렸다. 우리는 차가 덜컹거리지 않을 때 잠깐 잠이 들었다. 새벽 동이 틀 무렵 공기 중에 습기가 느껴졌다. 차들이 다니는 소리가 들리고, 북적대는 제3세계 도시의 디젤 가스 냄새가 났다. 트럭 바닥에 누워서도 보일 만큼 높은 건물도 눈에 들어왔다. 우리는 니아메에 도착한 것이다.

트럭은 버스 정류장 밖에 섰고, 우리는 트럭 옆으로 기어올라가 밖을 내다보았다. 밖에는 사막에 지친 나의 눈에는 믿을 수 없는 풍경들이 펼쳐져 있었다. 넓은 강에 통나무 카누가 떠 있고, 얕은 강가에서는 여인들이 빨래를 하고 있었다. 운전사는 그 강이 아프리카에서 세 번째로 긴 그 유명한 니제르 강이라고 일러 주었다. 강도 우리처럼 사하라 사막을 떠나 이곳까지 흘러왔다. 기니의 고지대에서 발생한 니제르 강은 동쪽으로 사막까지 흘러서 남부 사하라 사막을 가로질러 커다란 호를 그리며 고대 도시 통북투를 관통해 남쪽으로 방향을 틀어서 4,180킬로미터에 달하는 여행을 마치고 바다로 흘러간다. 우리는 너무나 피곤해서 물가까지 걸어갈 수도 없었다.

"택시 타고 가장 가까운 호텔로 가자." 탤리스가 말했다.

"샤워만 할 수 있으면 비싸도 상관없어." 내가 대꾸했다.

세 무스타슈 호텔 주인은 안마당을 가로지른 곳에 위치한 하나뿐인 샤워 시설에 대해 무척 자랑스러워했다. 찬물은 공짜, 뜨거운 물은 50센트를 내야 쓸 수 있었다. 탤리스는 카메라를 꺼내 들었다.

"샤워하기 전과 후의 사진을 찍을 거야." 탤리스가 말했다.

"우리가 마지막으로 목욕이나 샤워를 한 게 언제였지?" 내가 물었다.

"오늘이 2월이지. 한 달 전에 파리를 떠났으니까 비누 근처에 와

본 게 정말 4주 이상 됐네. 그 꼴을 보니 딱 맞는 것 같다."

"그 냄새도 딱 그런데 뭐." 나는 며칠 만에 처음으로 웃으며 말했다.

우리는 동전을 던져서 먼저 샤워할 사람을 결정했다. 탤리스가 이 겼다. 나는 안마당을 가로질러 레스토랑과 바(bar)로 쓰이는, 도끼로 대강 모양을 다듬은 작은 카운터 쪽으로 걸어갔다. 호텔 주인이 뿌듯한 표정으로 웃으며 맥주가 처음으로 양조된 곳이 아프리카라고 이야기를 건넸다. 나는 뚜껑을 딴 맥주병을 손에 들고 하얗게 바랜 벽에 등을 기대고 섰다. 샤워장에서 흘러나온 물이 안마당을 가로질러 하수구로 빠지는 것이 보였다. 사막의 모래 때문에 물은 갈색이었다.

아가데즈와 니아메를 이어 주는, 뼈까지 흔들릴 정도로 울퉁불퉁한 960킬로미터 길의 중간 어디에선가 사하라 사막은 끝난다. 정확히 어느 모래 언덕이 마지막인지 어떤 나무가 사막의 끝인지를 구분하기는 힘들다. "여기가 사하라 사막의 끝입니다. 좋은 하루 되십시오"라는 푯말도 없다. 하지만 니아메에 도착할 즈음이 되면 사하라 사막은 등 뒤에 있다.

사하라 사막을 북쪽에서 남쪽으로 건너 본 여행자라면 누구든지 그 순간을 이야기할 수 있을 것이다. 처음 뜨거운 물로 샤워를 한 순간, 찬 맥주를 마신 순간, 서아프리카의 북 소리를 들은 순간. 사막의 반대편에 다다랐다는 것을 느낀 그런 순간이나 경험을 떠올릴 수

니아메에서 샤워할 차례를 기다리고 있는 나. 한 달 만에 뜨거운 물로 샤워를 한 순간, 내 사하라 사막 여행은
끝났음을 깨달았다.

있다.

사하라 사막과 마찬가지로 우리 인생에서 변화의 사막은 우리도 모르는 사이에 끝난다. 사막을 다 건넜을 때처럼 진짜 경계선을 알아보고 멈추는 것은 여러 가지 이유로 중요하다. 우선 사막을 다 건넌 것은 축하해야 할 일이다. 우리는 종종 다른 사람들에게 칭찬받기를 기대하지만, 가끔은 자축을 하는 것도 의미 있는 일이다. 축하를 하면서 우리는 스스로의 영혼에 자양분을 주고, 즐거움을 키우며, 감사하는 마음을 갖게 된다. 축하는 우리가 인생의 여행길에서 순간순간 충실하게 살아왔음을 다시 한번 확인해 준다.

진정한 국경선에서 멈추어야 하는 또 다른 이유는 사막에서의 경험을 여과해야 하기 때문이다. 사막을 건너고 나서 몇 달 만에 또는 몇 년 만에 처음으로 깊은 휴식을 취하는 사람도 있고, 사막에서는 느낄 수 없었던 슬픔이나 상실감을 느끼는 사람도 있다.

의식적으로 사막을 건널 때 우리는 유목민이 된다. 사막을 건너는 방법을 알게 될 뿐 아니라 인생 자체를 더 깊이 이해할 수 있게 되는 것이다. 멈춰 서서 스스로 배운 것에 대해 숙고하는 시간이 필요하다. 유목민의 도움이 필요했던 것처럼 이제는 몸소 체득한 경험이나 지혜를 즐길 때가 된 것이다. 사막에서의 경험을 흡수해서 자기 인생의 일부로 만들고, 그것을 공유할 수 있도록 시간을 갖는 것이 좋다.

마지막으로 사막이 끝나고 나면, 지금까지 따라왔던 나침반의 바늘이 아직도 우리 인생에 적절한 것인지를 생각해 보아야 한다. 사막이 끝났다는 것을 인식하지 못하면 이제 더 이상 의미가 없는데도 그때까지 따라왔던 나침반의 바늘을 그냥 습관적으로 계속 따라갈 수도 있기 때문이다.

탤리스와 나는 사막을 벗어났다는 것을 깨닫는 순간 헤어지기로 했다. 나는 어설픈 택시를 타고 어퍼볼타(지금은 부르키나파소로 개명) 거리를 달리다가 작은 서아프리카 코끼리떼를 보았다. 코끼리 떼를 보자 내가 정말 아프리카에 왔다는 게 실감 났고, 해변이 아니라 야생동물이 보고 싶어졌다. 탤리스는 계속 남쪽으로 내려가 기니만으로 향했고, 나는 동물 보호 구역인 서쪽으로 갔다. 나중에는 나도 다시 남쪽으로 향했는데, 그것은 해변을 보기 위해서라기보다는 탤리스를 다시 만나기 위해서였다. 탤리스와 헤어지고 나서야 나는 여행을 하는 동안 우리가 얼마나 서로 가까워졌는지를 절감했고, 그가 보고 싶었다. 누구와 함께 한다는 것은 나침반의 바늘을 결정하는 중요한 요소이다. 나는 동물 보호 구역이라는 신기루를 좇아간 것에 후회하지 않았다. 잠깐의 방황을 끝내고 나는 다시 남쪽으로 향했다. 하지만 이번에 남쪽으로 향하는 이유는 사막을 건널 때와는 달랐다.

뜨거운 물로 샤워하기

이혼의 사막에서는 유머 감각을 되찾을 때가 바로 뜨거운 물로 샤워를 하는 순간과 같다. 두려움이나 분노, 원망 없이 상대방과 다시 이야기를 할 수 있게 되면 이혼의 사막을 건넌 것으로 볼 수 있다. 분명하게 정상이 보이는 산과 달리 사막의 경계선은 놓치기도 쉽고 그곳에 가보기 전까지는 설명하기도 어렵다. 그러므로 눈을 크게 뜨고 봐야 한다. 어떤 종류의 사막이든지 간에 사막을 건넜음을 의미하는 행동이나 사건 또는 태도를 주시하고 지켜보아야 한다. 사막의 끝을 상징하는 뜨거운 샤워는 좀 의외의 사건이다. 보통은 평범한 사건이 사막을 건넜음을 알려 준다. 따라서 우리 안에서 일어나는 어떤 사건이나 변화, 또는 그 외 무엇이든 '이제 사막을 건넜다고 우리에게 속삭여 주는' 작은 사건을 놓치지 않도록 주시해야 한다.

사하라 사막에서의 모험을 끝내고 난 후 나는 프랑스 남부 지방에서 여름을 보냈다. 해변도 좋았고, 짙은 푸른빛 바다와 뜨겁고 건조한 날씨도 좋았지만 나는 무엇보다도 레몬 나무가 마음에 들었다. 햇빛이 가득한 프로방스 거리를 걸으면 나무가 보이기도 전에 매혹적인 레몬 냄새가 먼저 느껴진다. 레몬 나무는 지중해에서의 생활을 집약적으로 보여 주며, 나는 프로방스 지방에서 보낸 시간을 사랑했다. 그 후로 나는 뒷마당에 레몬 나무를 심을 수 있는 곳에서 살고 싶다는 꿈을 갖게 되었다.

내 아이들과 다시 만나기 위해 밴쿠버 섬으로 이사를 했을 때 나는 전처의 집과 가까운 곳에 집을 장만했다. 이혼을 통해 감정적이고 경제적인 고통을 한꺼번에 겪었던 나에게 그 집의 장만은 내 새로운 인생에서 아주 중요한 이정표가 되었다. 나는 이것이 바로 뜨거운 샤워가 아닐까 하고 생각했지만, 그런 느낌이 들진 않았다.

몇 주 후, 이제는 남이 된 아이들 엄마가 애들을 데려다 주고 갔다. 아이들은 현관문을 껑충껑충 뛰어오면서 엄마가 아빠한테 드리는 선물을 가져왔다고 소리쳤다. 그 선물은 향기 나는 레몬이 하나 달린 60센티미터짜리 레몬 나무 화분이었다. 결혼 생활을 하면서 언젠가 레몬 나무가 내게 어떤 의미가 있는지를 아내에게 이야기했던 것 같다. 아내로부터 레몬 나무를 선물받던 순간이 내가 찾던 그 뜨거운 샤워였다. 나는 드디어 이혼의 사막을 건넌 것이다.

레몬 나무를 받고서 나는 내가 그때까지 따라왔던 나침반의 바늘을 생각해 보고, 여전히 그 방향이 내게 중요한 의미가 있는지를 자문해 보았다. 나는 전처와의 관계에 전환점을 마련해 보기로 결심했다. 그 레몬 나무 덕분에 나는 몇 년 만에 진짜 진정한 휴식을 취할 수 있었다.

뜨거운 샤워는 휴식을 취하는 데 필요할 뿐 아니라 몸을 깨끗하게 씻어 주는 역할도 한다. 이러한 정화 과정은 사랑하는 사람을 잃고 난 이후 꼭 거쳐야 하는 중요한 과정이다. 뜨거운 샤워를 하는 순간을 놓치고 그냥 지나치면 슬픔에 압도당해 슬픔이 영원히 우리 삶의 일부가 되어 버릴 수도 있다. 뜨거운 샤워를 통해 슬픔의 찌꺼기를 씻어 버리고 사막의 저편으로 건너갈 수 있다.

마흔두 살 때 남편 달시가 갑자기 세상을 떠난 후 팸은 사랑하는 사람을 상실한 충격에서 헤어나오지 못했다. 하루아침에 네 아이를 혼자 키워야 하는 과부가 된 것이다. 달시가 죽고 난 후 한 1년쯤 세월이 흘렀을 때 팸의 여자 마사지사인 헤니가 이제 막 남편을 잃은 늙은 성직자의 아내에 대한 우스운 이야기를 팸에게 해주었다. 팸은 그 이야기를 듣고 1년 만에 처음으로 웃었다. 이 이야기를 해준 헤니 역시 서른여덟 살에 남편을 잃은 젊은 과부였다. 때로 비슷한 사막을 건넌 적이 있는 유목민이 우리가 사막을 건널 수 있도록 그리고 사막을 건넌 사실을 알아챌 수 있도록 도와 주기도 한다.

처음에 팸은 그렇게 열심히 웃어도 괜찮은지 자문했다. 하지만 그 순간이 바로 전환점이었다. 팸은 이제 새로운 인생을 그리기 시작했다. 그녀는 이제 잠시 쉬면서 자기가 그렇게도 슬퍼했던 순간들을 회상하며, 그 슬픔을 통해 배운 것을 돌이켜 보았다. 그녀에게는 그 웃음이 뜨거운 샤워였다. 그 후로 그녀는 새로운 인생을 시작했다.

이혼이나 슬픔의 사막에는 우리가 신경써서 찾기만 하면 뜨거운 샤워임을 알 수 있는 그런 순간들이 있다. 오랜 관계나, 가족 생활, 직장 같은 더 큰 인생의 사막과 인생 그 자체에도 경계선이 있어서, 지나가는 단계와 이를 다 지나서 극복한 단계를 구분할 수 있다.

자녀 양육의 사막은 절대 끝이 보이지 않지만, 그 안에도 우리가 주목할 만한 진정한 경계선들이 있다. 막내가 학교에 들어갈 때, 사춘기에 접어들 때, 집을 떠나 독립할 때가 모두 이정표이다. 각 단계는 무언가가 종결됐음을 의미하며, 우리는 그때마다 방향을 조정할 필요가 있는지 한번 생각해 봐야 한다. 아장아장 걸음마를 떼고 있는 아기를 기를 때와 십 대를 기를 때는 나침반 바늘이 가리키는 방향이 다를 수밖에 없다.

잠깐 멈추어 서서 본인이 걷고 있는 인생의 사막을 돌아보라. 허상의 경계선에 서 있는 것은 아닌가? 진정한 경계선에 도착했는가? 변화, 즉 인생의 전환기나 한 단계의 종식을 알리는 뜨거운 샤워를 한 적은 없는가? 인생의 사막에서 뜨거운 샤워를 찾는 것은 현재의 위치를 깨닫고 현재의 생활에 더욱 충실하며 살아 있음을 느낄 수 있는 가장 좋은 방법이다. 진정한 경계선을 찾게 되면 마음의 평화를 얻고 의미 있는 나침반의 방향대로 갈 수 있다. 진정한 경계선을 건너고 나면 새로운 여행이 시작된다.

나는 모래를 사랑한다, 세상 어느 곳에 있는 모래든

우리도 사막을 사랑했다.
인생에서 가장 좋은 시절을 보냈던 곳이
사막이었다고 말할 수 있을 만큼.
| 앙투안 드 생 텍쥐페리, 『바람과 모래와 별들』, 「사막의 인간」 중에서 |

내가 탤리스를 다시 만난 곳은 전기도 들어오지 않
는 가나의 외진 어촌 마을에서였다. 탤리스는 400년 된 구舊 노예상
성채에서 지내고 있었는데, 이 성채는 이제 정부가 운영하는 여관으
로 변해 있었다. 이 성채는 기니 만의 아름답게 부서지는 파도 위에
둥지를 틀고 있었다. 내가 도착한 시간은 막 저녁 식사를 시작하려
고 할 때였다. 여관의 지배인은 카사바 뿌리로 만든 가나 요리 푸푸
fou-fou를 접대하고 있었다. 으깬 감자처럼 생긴 푸푸는 손가락 세 개
로 떠서 소스나 수프에 찍어 먹는 요리였다. 옛 친구와 인사를 끝낸
나는 탤리스가 새로 사귄 사람들을 소개받았다. 대부분 젊은 여행가
들로, 스웨덴, 네덜란드, 독일, 영국 사람들이었다. 우리는 램프 불

아래에서 지배인이 들려 주는 노예 교역의 역사를 들으며 저녁 식사를 했다.

우리는 매일 아침 푸른 열대 우림을 지나 아름다운 부수아 플레저 해변까지 걸어갔다. 그곳은 야자수가 우거진 모래 해변으로, 초가집 몇 채와 일광욕을 즐기는 사람 몇 명 이외에는 아무도 없어 한적했다. 카누를 타고 낚시를 하는 어부들은 잡은 고기를 해안으로 끌어올리고, 현지 아이들은 우리의 주문에 따라 해산물 요리를 했다. 우리는 바에서 사온 맥주를 마시며 오염되지 않은 태초의 모래 위에서 한가로운 시간을 보냈다. 적도의 태양 아래에서 모래는 갈색으로 변해가고 있었다. 우리는 대화를 나눌 수 있을 정도의 거리에 비치 타월을 깔고 드러누운 모든 사람과 한가하게 대화를 나누었다. 우리 곁에 아무도 앉지 않으면 아침 내내 말 한 마디 하지 않고 보낼 수도 있었다.

탤리스는 수염을 깎지 않았다. 그러더니 곧 비치 타월도 들고 다니지 않았다. 수영복도 입지 않고 찢어진 청바지 밑에 입었던 너덜너덜한 내의만 걸친 채 해변에 누워 있는 것으로 만족해 했다. 때는 2월이었고, 우리는 열대 해변에 누워 있었다. 나는 탤리스가 도대체 해변을 떠나고 싶어할까 하는 의문이 들었다.

우리의 생활은 변화가 없었다. 매일 똑같은 일상이 계속되었고 뭔가 특별한 일이 일어나기를 고대하지도 않았다. 그러던 어느 날인가 해변과 사막의 유사점이 눈에 들어오기 시작했다.

"저기 있잖아, 해변은 사하라 사막과 유사한 점이 많아." 나는 비치 타월에서 얼굴을 들지도 않고 이렇게 말했다.

"뭐가?"

"저기 좀 봐. 모래도 있고, 야자수도 있잖아. 그리고 엄청나게 덥고. 사막보다 더 더워."

"그래. 하지만 여긴 물이 많잖아." 탤리스가 나른한 목소리로 대답했다.

"그렇지. 하지만 마실 수는 없잖아. 매일 아침 마을에서 물을 가져와야 하고."

탤리스가 몸을 세워 앉았다. 한 시간 이상 꼼짝도 하지 않던 탤리스가 처음으로 몸을 움직인 것이다. "부수아 해변 바에는 우리가 사서 마실 수 있는 음료가 있잖아. 사막과는 다르다고."

우리가 하는 말은 열대 지방에서 너무 오래 시간을 보낸 여행자들이 하는 공허한 논쟁처럼 들리기 시작했다. 하지만 나는 멈추지 않았다.

"그 바는 우리가 마실 것이 필요할 때, 그리고 태양에서 벗어나고 싶을 때 찾아가는 오아시스와 같은 거야. 해변은 사막이고 바는 오아시스라고."

탤리스는 생각에 잠겼다. 나는 탤리스가 이 논쟁에서 지고 싶어하지 않는다는 것을 알았다. 나는 탤리스의 관심을 끈 것에 기쁨을 느꼈다. 그는 바다를 바라보더니 웃음 지었다.

가나 딕스코브 인근 부수아 플레저 해안. 우리는 매일 아침 해변에 나가 작열하는 태양 아래 비치 타월을 깔고 누워 몇 시간이고 보내곤 했다.

"하지만 여기에서는 가려고 하는 목적지가 없으니까 사막하고는 다르지. 여기에 있는 것만으로도 행복하잖아. 더 이상 남쪽으로 안 가도 되고. 남쪽을 한번 봐. 뭐가 보여? 여기서부터 남극까지는 온통 바다야. 여기에서 영원히 살 수도 있다구. 여기가 바로 길이 끝나는 곳이야."

탤리스는 자기가 이겼다는 확신에 차서 잘난 체하며 웃었다. 그의 마지막 말이 내 주의를 끌었다.

"우리 여기 언제까지 있을 거야?" 내가 물었다.

탤리스는 대답을 하지 않았다. 그는 생각에 잠겨 있었다. 그러고 나서 그가 한 말은 놀라웠다.

"몰라. 내 안의 일부에서는 여기 영원히 머물고 싶다고 하고, 또 다른 일부는 내일이라도 떠날 수 있대."

변화의 사막을 건너고 나면 우리는 종종 평화와 안정의 순간을 맞게 된다. 우리는 해변까지 왔다. 하지만 우리가 단지 안정과 평화, 성공의 마침표라 할 수 있는 해변에 도착하기 위해 과도기의 사막을 건넜다는 생각은 분명 잘못이다. 그렇게 믿는다면 우리는 유목민의 옷을 입은 등산가가 되고 마는 것이다. 정상의 이름이 해변으로 달라진 것뿐이다.

인생을 쉬지 않고 건너야 하는 끝없는 모래 사막의 연속으로 보는 것도 잘못이다. 그렇게 생각하면 너무 끔찍해진다. 쉬지 않고 언덕

위로 바위를 굴리는 시시포스가 되어 버린 것 같은 기분이다.

여행을 할 때는 도착했음을 느낄 줄도 알아야 한다. 한 걸음 한 걸음 내디디면서 그것이 다음 도착지를 향해 내딛는 것임을 느낄 줄 알아야 한다. 우리 안에는 여행과 목적지가 공존한다. 누군가 우리에게 사막에 있는지 해변에 있는지 물으면 우리는 대답할 수 있어야 한다. 혼란스럽고 절망스러우며 심지어 필사적이기까지 한 변화를 겪고 있는 중이라도 우리는 분명하게 다음과 같이 말할 수 있어야 한다. "나는 여기에 있다. 현재가 바로 나의 인생이며, 난 이제 여기 도착했다"라고.

이와 대조적으로 모든 것이 잘 돌아갈 때, 모든 것이 제자리를 잡고, 인생이 순조로울 때에도 우리는 여행이 계속되어야 한다는 것을 잊어서는 안 된다. 어떤 점에서는 이런 순간에도 이미 변화는 시작되고 있을지도 모른다. 따라서 나침반을 점검하고 가고 있는 방향을 잊지 않아야 한다.

지금 당장이라도 사막 여행의 규칙을 사용해 볼 수 있다. 포장도로가 갑자기 끝날 때까지 기다릴 필요가 없다. 변화의 사막에 있지 않다고 해도 우리는 항상 인생이라고 하는 사막의 한가운데에 있기 때문이다.

인생이라고 하는 큰 사막에서 사막 여행의 규칙을 연습하는 것이 훨씬 쉽다. 실제 인생에서는 변화가 점진적으로 천천히 일어나고 부담이 적기 때문이다. 언제 과도기의 부드러운 모래 가루에 갇히게 될지 아무도 모르기 때문에 평소에 연습을 해두는 것이 좋다. 사실 예측 가능한 포장도로는 그 자체가 하나의 큰 신기루이다. 인생은 우리가 예측하는 대로 돌아가지 않는다.

　　　　'화물선 타고 세상 보기. 멋진 여행.'『톨레도 블레이드The Toledo Blade』지에 실린 이 책 광고를 수십 번은 본 것 같다. 이제 와서야 나는 그 책을 사서 볼걸 하는 생각이 들었다. 우리가 지금 다가가고 있는 배를 보면 영 멋지게 여행할 수 있을 것 같지가 않았다. 뭔가 잘못된 것 같았다. 그 책에는 '가나의 블랙스타라인 같은 회사의 증기선은 절대 타지 말 것'이라고 적혀 있지 않을까.

　작은 항구 택시가 통통 소리를 내며 다가가고 있을 때 SS레이크보숨트웨 호는 수면 아래로 깊이 잠긴 상태로 떠 있었다. 주 화물칸에 실린 활엽수 통나무들이 튀어 나와 있었다. 가나의 번잡한 항구 세콘디타코라디에 정박해 있는 수많은 배들 사이를 헤집고 가던 택시가 드디어 아프리카 화물선 옆에 섰다. 탤리스와 나 그리고 다른 승객들은 로프로 만든 사다리를 타고 갑판으로 올라갔다. 짐은 아래에서 던져 올려 주었다.

　윗통을 드러낸 근육질의 가나인 항만 노동자들은 작은 바지선에서 우리가 타고 있던 배로 코코아 짐꾸러미를 옮기느라 분주했다. 배는 수많은 화물로 이미 과부하 상태에 이른 것처럼 보였다. 그런데도 바지선에 있는 코코아를 모두 화물칸으로 옮기려는 모양이었다.

눈부시게 하얀 유니폼을 차려 입은 고급선원이 우리를 숙소까지 안내했다. 나는 적어도 침상이 네 개 정도 들어 있는 방을 쓰게 될 거라고 생각했다. 하역 인부와 같은 방을 쓰게 될지도 모를 일이었다. 그 선원은 블랙스타라인 사를 가나의 자랑거리라고 소개하며, 이 SS레이크보숨트웨 호는 서아프리카 해안 여행의 길동무로 아주 이상적인 배라고 설명했다. 우리는 느리기로 유명한 중국행 보트를 타고 있었다. 다만 우리는 중국이 아니라 세네갈의 다카르를 거쳐서 암스테르담으로 갈 예정이었다.

방문을 열었을 때 나는 그가 우리에게 선장의 방을 구경시켜 주는 것인 줄 알았다. 벽의 움푹 들어간 부분에 더블 침대가 있고, 누워서 밖을 내다볼 수 있는 둥근 창까지 있었다. 침대 옆에는 고풍스런 마호가니 책상이 있고, 맞은편에는 소파와 앉아 쉴 수 있는 공간이 마련되어 있었다. 마루는 어떤 나무인지 정확히 알 수 없는 벌꿀색 나무판으로 되어 있었는데, 반짝반짝 윤이 났다. 그 방은 너무 넓었고 티끌 한 점 없었다.

"우리가 들어왔다고 선장이 화내지 않을까요?" 내가 물었다.

선원은 고개를 뒤로 젖히며 정신없이 웃기 시작했다. 서아프리카인들은 그렇게 잘 웃는다.

"뭔가 오해하신 것 같은데요. 이 방은 손님 방입니다." 그는 얼굴에 자랑스런 미소를 머금고 이렇게 말했다.

"하지만 침대가 하나뿐인데……."

SS레이크보숨트웨 호로 가는 항구 택시. 우리는 새로운 여행을 위해 아프리카 화물선으로 갈아탔다.

"그럼 침대가 몇 개나 필요하신가요?"

"그럼 나 혼자 이 방을 쓴다는 말입니까?"

"그럼요. 닻을 올리고 나서 한 시간 후에 저녁 식사가 준비됩니다. 요리사가 나무 벨을 울리면 식사하러 나오시기 바랍니다."

나는 내 눈을 믿을 수가 없었다. 바로 이것이 멋진 여행이라는 거군. 화물을 초과 적재한 낡아 빠진 아프리카 화물선에 이토록 화려한 숙박 시설이 있다니.

저녁은 선원들의 식당에 준비되었다. 요리사는 가나인이었는데 유럽에서 교육을 받았다고 했다. 그는 식사 때마다 완전히 다른 가나식 요리와 유럽식 요리를 준비해 주었다. 둘 중 하나 또는 둘 다 먹을 수 있었다.

우리는 선교에서 엔진실까지 배 안 어디든 돌아다닐 수 있었다. 우리는 카드 놀이를 하고, 일광욕을 즐기고, 책도 읽고, 잠을 자며 시간을 보냈다. 잠을 많이 잤다. 바다는 고요했다. 배가 천천히 부드럽게 흔들리면 참을 수 없이 졸음이 밀려와 낮잠을 자곤 했다. 어느 무덥고 습기찬 오후 우리는 기니 만에서 아프리카 서쪽 끝을 돌아 대서양을 향하고 있었다. 나는 배가 어디까지 왔는지 확인하기 위해 선교 위를 어슬렁 걸어갔다.

"이제 대서양인가요?" 나는 일등 항해사 조지프 아샨티에게 물었다. "오늘 벌써 세 번째 물어보시는 겁니다. 그렇게 집에 가고 싶으세요? 아니면 이제 우리 가나인들의 환대에 물리셨나요?"

나는 조지프가 나를 놀리고 있다는 것을 알았다.

"아니. 그게 아니라. 그냥 좀 지루해서요."

"그래요. 바다 위에서 지내는 건 따분할 수도 있죠. 이 배는 유람선도 아니구요. 하지만 우린 항해를 좀 재미있게 하는 법을 알고 있습니다. 자, 앞을 보세요."

내 눈에는 아무것도 보이지 않았다. 그냥 고요한 열대의 바다에 약간의 잔물결이 일 뿐이었다. 그때 수평선 위에 떠 있는 검은 점 하나가 보였다. "저 배는 런던에서 돌아오는 우리 배입니다. 바다에서 블랙스타 선박끼리 만나면 우리는 게임을 합니다."

저쪽 화물선이 다가올 때 나는 그 배가 물 위에 높이 떠 있는 것을 느낄 수 있었다. 영국에는 가나인들이 관심을 가질 만한 물건이 거의 없는 모양이었다.

배가 이쪽으로 가까이 다가오자 그쪽 갑판에 나와 있는 선원들을 볼 수 있었다. 이쪽 선교에도 선원과 수부들이 잔뜩 나와 있었다. 그들은 무엇인가 특별한 일을 보기 위해 기다리는 학생들처럼 서로 팔꿈치를 치며 웃고 있었다. 두 배는 서로 경적을 울리기 시작했다. 두 배의 간격이 1.5킬로미터도 채 되지 않아 거의 충돌할 것처럼 보였다. 나는 이제 이 게임의 정체를 알 것 같았다. 북미에서는 이런 게임을 '닭'이라고 부른다.

선교 위는 모두 서로 등을 치며 웃고 떠드느라 아수라장이 되어 버렸다. 양쪽 배가 마치 충돌할 것처럼 가까워졌을 때 저쪽 선장이 먼저 피해서 배를 왼쪽으로 돌렸다. 우리는 상대편 배 위에 있는 사람들에게 인사를 할 수 있을 만큼 가깝게 지나쳐갔다. 어느 쪽이 이겼고 어느 쪽이 졌는지 구분하기 힘들었다. 양쪽 선원들 모두 웃고, 팔을 흔들고, 서로 손가락질을 해대며 즐겁게 춤을 추었다.

몇 분 후 우리 배가 뒤로 돌았다. 나는 뭔가 잘못된 것이 아닌가 생각했다. 나는 조지프를 쳐다보았다. 조지프는 내가 질문을 하리란 것을 예상하고 있었다.

그는 함박웃음을 지으며 "삼세번은 해봐야 할 것 아닙니까!"

그렇다. 이들은 단조로운 긴 항해의 권태에서 벗어나는 방법을 알고 있었다. 이 아프리카인들은 정말 멋드러지게 여행을 할 줄 안다.

선원이나 유목민들에게는 인생 자체가 여행이다. 따라서 그들은 사막에서 이동할 때 또는 바다를 항해할 때 그 순간을 최대한 활용한다. 인생은 따분할 때도 있고, 무서울 때, 헷갈릴 때, 지겨울 때, 불확실할 때, 즐거울 때도 있다. 우리는 인생의 하루 하루가 그리고 각각의 사막이 어떤 날을 선사해 줄지 알 수 없다. 하지만 멋진 여행을 하기 위해 노력은 할 수 있다.

멋진 여행이란 돈을 들여서 흔들림 하나 없이 길을 달리는 그런 여행이 아니라, 단순히 여행하는 순간을 최대한 활용하는 것이다. 그것은 태도의 문제이다. 멋지게 여행하는 것은 끊임없이 밀려오는 인생의 밀물과 썰물을 평화스럽게 받아들이고, 우리 앞에 놓인 것을 받아들이는 것을 의미한다. 가족을 부양하고 있다면 그 사실을 기꺼이 받아들여야 한다. 일자리를 옮기는 중이라면 그것을 그대로 받아들인다. 길을 잃었다면 그 사실도 그대로 받아들여야 한다.

멋지게 여행할 때 우리는 자신을 포함해서 아무것도 완벽하지 않다는 사실을 받아들여야 한다. 그렇게 하면 스트레스도 덜 받고 더욱 즐거운 마음으로 여행할 수 있다. 멋지게 여행할 때, 우리는 표지만 보고 책을 판단하지 않고, 직업만으로 드라이클리닝하는 사람을 평가하지 않으며, 낡고 녹슨 배의 동체만 보고 아프리카의 화물선을 판단하지 않는다. 또한 겉모습만 보고 사막을 평가하지 않는다. 사막에는 우리가 처음에 볼 때에는 보이지 않는 무언가가 많이 내재되어 있다. 호기심에 찬 여행가의 자세로 인생에 접근하면 평범한 여정 또는 힘든 여정 속에서 내가 누구인지 내가 어디에 있는지를 발견할 수 있다.

1996년 11월, 탤리스와 처음 만난 지 20년이란 세월이 흘렀고 톨레도에서 토론토로 이사를 한 지도 거의 20년이 되었다. 그러나 이제 나는 브리티시 컬럼비아를 집이라고 부르며, 직업상 연설을 하기 위해 온타리오에 들릴 일이 있을 때마다 탤리스를 만났다. 나는 우리의 사막 여행에 대한 책을 쓸 계획이었고 탤리스가 기억하고 있는 그때 이야기를 듣고 싶었다. 나는 또한 내 기억 속에 있는 그의 목소리를 다시 듣고 싶기도 했다. 온타리오 동부에 있는 탤리스 어머니의 집에서 그를 데리고 나왔다.

"그렇게 입고 춥지 않을까?" 내가 탤리스한테 물었다.

"몰라. 하지만 맞는 바지가 이것밖에 없어. 이거 자네가 그때 여름에 사준 거야."

"그럼 그냥 차 안에 있지 뭐." 내가 제안했다. "히터를 틀어 놓을게." 우리는 차를 타고 몇 블록을 간 뒤 공원 앞에 섰다.

"나는 이런 날씨가 싫어. 꼭 파리 같거든. 춥고 축축하고." 탤리스가 투덜거렸다.

나는 센 강변에서의 가을날 기억 중에 무엇인가 긍정적인 것을 찾아보려고 애썼다. "기억나? 우리 앤드루랑 같이 살 때 무척 재미있었잖아."

"맞아. 같은 아파트에 스티브가 세 명이었지. 그래서 누가 스티브 1번, 누가 2번, 누가 3번을 할지 많이 싸웠지." 탤리스가 웃었다. 탤리스의 웃음소리를 다시 듣게 되어 너무 기뻤다. "내가 부엌에서 '야, 스티브'라고 하면 너희 중에 두 명이 '누구 말야'라고 했지." 그는 너무 웃다가 쿨룩쿨룩 기침까지 했다. 나는 기침이 멈추기를 기다렸다.

"아마 그때부터일걸. 우리가 서로 성을 부르기 시작한 게." 내가 말했다.

순간 정적이 흘렀다. 탤리스가 물었다. "장뤽하고 앙드레는 어떻게 됐대?"

"내가 얘기 안 했나?"

"아니, 뭐?"

"우리가 파리로 돌아왔을 때 편지 한 통이 와 있더라고. 그때 아마 자네는 벌써 스티브 앤드루하고 그리스로 떠난 후였지. 타만라세트에서 우리랑 헤어지고 나서 그 두 사람은 다시 쭉 북쪽으로 차를 몰아서 알제리 북부까지 돌아갔대. 그런데 알제리에서 프랑스로 가는 나룻배를 막 타려고 하는데 니제르 국경이 열렸다는 걸 알게 되었다는군. 그래서 장뤽은 뒤돌아서 혼자 다시 남쪽으로 내려왔대. 다시 사막을 건너려고 말야."

"아니, 그렇게 유전에서 일하고 싶었던 거야?" 탤리스는 그가 다시 남쪽으로 향한 이유를 넘겨짚었다.

"아니. 나이지리아에서 일하려는 생각은 아예 접었대. 그냥 우리를 따라잡으려고 했다는군. 오아시스마다 멈춰서 사람들한테 우리 소식을 물어서 니아메까지 우리를 쫓아왔대. 우리 떠나고 바로 그 다음날 니아메에 도착했다는군. 믿기 힘들지?"

"내가 이해할 수 없는 건 그 사람이 우리와 다시 여행하고 싶어했다는 사실이야. 자네랑 그렇게 힘들게 지내고서도 말야."

"아마 그렇게 힘들게 지냈기 때문에 다시 만나고 싶어했던 것 같아. 자네랑 내가 가나 북부에서 헤어졌을 때처럼 말이야. 나는 동물 보호 구역으로 가고 자네는 해변으로 갔지. 그 순간 우리는 같이 여행할 때를 그리워했잖아."

우리는 한동안 서로 말이 없었다. 이제 우리가 더 이상 같이 여행을 할 수 없다는 현실을 무시하기 어려웠고, 또한 그 사실 자체를 언급하기도 힘들었다. 나는 지난 9개월 동안 토론토에 올 기회가 자주 있었던 것이 기뻤다. 탤리스가 건너고 있는 암이라고 하는 사막은 그에게서 너무 많은 것을 앗아갔다. 하지만 적어도 우리는 함께 할 수 있는 시간을 가질 수 있었다. 그리고 작별인사를 나눌 시간도 있었고, 비록 각자 해야 하지만 우리의 다음 여행을 준비할 시간도 있었다. 이 책을 탤리스 없이 쓴다는 것은 상상하기도 힘들었다. 그 또한 항상 작가가 되고 싶어했던 사람이다.

테이프 녹음기가 멈췄다. 이제 테이프를 뒤쪽으로 돌려야 할 때가 된 것이다.

"피곤이 몰려 오는데." 탤리스가 말했다.

"어머니 집으로 데려다 줄까?"

"그렇게 하는 게 좋을 것 같아."

우리는 찻길로 나섰다. 탤리스를 부축해서 현관까지 올라간 후 나는 그를 꼭 껴안았다. 지난 20년 동안 우리는 서로 만나고 헤어질 때마다 악수를 나눴다. 하지만 지난 몇 달간은 악수 대신 포옹을 했다. 그를 볼 수 있다는 사실을 내가 얼마나 고맙게 생각하는지, 그리고 헤어지기가 얼마나 어려운지 악수만으로는 표현할 수가 없었다.

"오늘 내가 뭘 깨달았는지 알아?" 탤리스가 물었다.

"아니, 뭔데?"

"그렇게 고생해서 사하라 사막을 건너 놓고 우리가 해변에서 보낸 시간은 고작해야 한 열흘 정도밖에 안 됐어. 그리고 오늘 밤도 우리는 사막 이야기만 했어. 둘 다 해변은 잊어버린 것 같아."

"맞아." 내가 말했다. "사막에 대한 기억이 훨씬 더 강렬하게 남아 있어."

"왜 그런 것 같아?" 탤리스가 물었다.

"아마 우리가 너무 여행 자체에 몰입했었기 때문이 아닐까? 사막을 건널 때 우린 해변은 안중에도 없었어. 남쪽으로 계속 가면서 오아시스에서 쉬는 일에만 온통 관심이 있었잖아. 인생도 그럴 수 있다면 얼마나 좋을까."

그는 문을 열고 집안으로 들어섰다. 그리고 뒤돌아섰다.

"그거 책으로 쓰면 참 좋을 것 같은데." 그는 부드러운 미소를 지으며 이렇게 말하고 문을 닫았다.

계단을 내려오면서 나는 신기하게도 슬픔과 행복을 동시에 느끼고 있었다. 나는 슬픔은 저쪽으로 몰아내고 행복에만 매달리고 싶었다. 차에 시동을 걸고 엔진 돌아가는 소리를 들으며 나는 한동안 그냥 앉아 있었다. 스티브 탤리스와 나는 지금 그 어느 때보다 서로 가까워졌는데 그는 죽어가고 있었다. 나는 내가 해변과 사막에 동시에 떨어져 있는 느낌을 받았다. 나는 내가 원하는 곳에 있었고 동시에 내가 멀리 도망치고 싶은 그런 곳의 한가운데 서 있었다.

이런 게 살아 있다는 느낌일까? 이런 여정을 우리가 선택한 것은 아니지만 우린 이 길을 걸어왔다. 나는 마음이 아팠지만 슬픔으로 무너지는 것이 아니라 내 안의 무엇인가가 열리는 느낌이었다. 나는 내 감정으로부터 도망치지도, 또 얽매이지도 않으리라 결심했다. 오히려 내 모든 감정을 감싸안기로 했다. 그렇다. 이것이 바로 살아 있는 느낌일지도 모른다. 나는 렌터카를 후진해서 찻길로 나온 후 공항으로 향했다.

톰 소여에게는 허클베리 핀이 있고 부치 캐
시디에게는 선댄스 키드(〈내일을 향해 쏴라〉
에 나오는 두 주인공)가 있다. 살다 보면 함
께 여행을 할 수 있는 친구, 벗, 동반자가 필
요할 때가 있다. 친구라는 존재가 없으면 여
행 자체가 불가능할 수도 있지 않을까. 내가
탤리스를 만난 건 정말 행운이었다. 이 책을
내 친구 탤리스에게, 그리고 우리가 함께 걸
었던 그 길에 바친다.

오랫동안 좋아했던 소설 중에 최인훈의 「가면고」가 있다. 그 소설
은 주인공이 현실과 전생을 오가면서 이야기를 엮어가는 형식으로
되어 있다. 이번에 번역한 이 책이 우연히 그런 형식으로 짜여 있었
다. 전생과 이생이 아니라, 현실과 감상이 교차하기는 하지만.

어릴 때 막연히 모든 사람들이 자라서 어른이 되고 결혼을 하고
아이를 낳고 그러다 늙어 죽는 것처럼 나도 그렇게 판에 박힌 모습
대로 흘러가는 것이 싫어서 나는 좀 다르게 살아보리라고 생각했던
기억이 난다. 나이가 들어 결혼을 하고 아이 엄마가 되어 버린 지금
오히려 나는 내가 싫어했던 평범한 모습으로 사는 것이 더욱 어렵다
는 것을 깨닫게 되었다. 그리고 내가 막연히 모두 똑같을 것이라고
생각했던 인생들이 그 내부를 들여다 보면 짜임새가 모두 다르다는
것도 알게 되었다. 그 짜임새가 이 모래 언덕 같은 게 아닌가 싶다.
내가 건너고 있는 사막의 모래 언덕의 모습이 계속 바뀌듯이 내 주
변에 있는 사람들이 지금 건너고 있을 모래 언덕의 모습도 바뀌고
있을 테지만 나는 그것을 보지 못한다. 나 자신 저자가 지적한 산으
로 대변되는 문화권에 상당한 영향을 받고 있는 한국에서 자란 터라

역시 산꼭대기를 쳐다보며 살도록 길들여져 있기 때문일 것이다.

이 책은 도입부가 다소 덤덤하게 느껴질 수도 있다. 그러나 계속 읽어나갈수록 사막에 빨려들어 가게 된다. 지도 속에서 이들이 건넜던 사막의 길을 짚어가면서 나도 사막을 지나온 듯한 기분이 들었다. 사막에도 길이 있단다. 나는 처음 알았다. 그리고 그 척박한 땅에 뿌리를 내리고 살고 있는 종족이 있다는 것도. 생 텍쥐페리의 책 속에서 본 사막이 전부였던 나에게 이 책은 사막의 다른 모습을 보여 주었다. 그리고 이제 지도 위에서 사하라 사막을 볼 때마다 탤리스와 저자가 걸었던 발자취를 더듬게 될 것 같다.

2004년 12월

고상숙